W0252921

SUSANNE FRÖHLICH · CONSTANZE KLEIS

KANN WEG!

FRAU FRÖHLICH RÄUMT AUF

SUSANNE FRÖHLICH
CONSTANZE KLEIS

KANN WEG!

~~Chia-Samen~~
~~Bravsein~~
~~Blöde Kerle~~
Selbstmitleid
Körperfettwaage

FRAU FRÖHLICH RÄUMT AUF

INHALT

VORNEWEG

Ich möchte ein Igel sein

Manchmal genügt eine Kleinigkeit, und plötzlich weiß man: Es muss sich etwas ändern! Und zwar pronto! So wie vor ein paar Monaten, als ich den Schrank öffnete und mal wieder von einer zwar sehr süßen, aber auch sehr engen Jeans beleidigt wurde. Sie sagte, was sie immer sagt, seit ich sie offenbar in einem Anfall geistiger Umnachtung gekauft habe: „Hast du etwa immer noch nicht die sieben Kilo abgenommen, die es braucht, damit ich dir wieder passe? Warum bist du bloß so eine Memme? Andere schaffen es doch auch, verdammt noch mal! Was soll so schwer daran sein, einfach mal ‚Nein!' zum Käsekuchen zu sagen?" Und ich dachte: Jetzt reicht's! Wohin soll das führen, wenn wir jetzt auch noch Erwartungen von Kleidungsstücken erfüllen sollen? Und weshalb lass ich mich von dem unverschämten kleinen Ding mit dem IQ von gerade mal ‚100 Prozent Baumwolle' eigentlich so anherrschen? Schließlich sortiere ich doch sonst auch brav regelmäßig Überflüssiges aus. Wieso dann nicht auch diese bekloppte Idee, sich von Kleidungsstücken unter Druck setzen zu lassen? Warum entrümpeln wir nicht überhaupt auch mal unseren Gefühlshaushalt? Entsorgen belastende, nutzlose und stressige Vorstellungen, Ansprüche, Haltungen? Ganz so, wie es in Aufräumbüchern immer geraten wird – alles mal in die Hand nehmen und gut überlegen: Brauche ich das noch?

Macht es mir Freude? Tut es etwas für mich? Hat es jemals etwas für mich getan?

Würde man diese Methode etwa auch bei Beziehungen anwenden, wäre ja in vielen Frauenleben auf einen Schlag schon mal sehr viel Entspannung, Zeit und Platz gewonnen. Im Zweifel zieht ja nicht nur Konrad aus, sondern all die Hausarbeit, die er verursachte, aber nicht erledigen mochte. Außerdem: Seine Plattensammlung, sein Hometrainer, die Hanteln und gefühlt 100 Paar Sneakers. Sicher würde auch die Arbeitswelt für uns Frauen ganz anders aussehen, wenn wir uns von ein paar Altlasten verabschieden. Zum Beispiel von diesem Drang, dass wir uns immer noch weiter ins Zeug legen und ranklotzen, dünner, kulinarisch versierter, blonder, jünger sein müssen – bevor wir überhaupt nur daran denken dürfen, geliebt zu werden, Anerkennung zu bekommen, Ansprüche zu stellen. Das Gehalt zu VERDIENEN, das der Kollege in der gleichen Position längst bekommt, oder wenigstens mal ein Lob vom Chef oder ein „Du bist die Beste“ vom Mann. Auch dieser XXL-Pappkamerad ‚Traumprinz‘, der seine beste Zeit längst hinter sich hat und auf dem Krönchen schon ein kleines Staubmützchen trägt, könnte gut mal weg. Schließlich ist er zu nichts weiter nütze, als uns die Freude an so ziemlich jedem Mann zu verderben, der keine Strumpfhosen trägt und auf einem Pferd sitzt. Und dann das Gerücht, man müsse sich noch nachts um zehn sein Supermutti-Kostüm überwerfen und die Nacht damit verbringen, Kekse für so ziemlich jede Lebensunverträglichkeit auf dem Planeten zu backen (damit die anderen Mütter beim Kindergartenfest endlich mal richtig blass aussehen). Es gehört ebenso entsorgt wie diese Überzeugung, man dürfe den Nachwuchs keinesfalls zu harsch dazu drängen, sein Zimmer aufzuräumen, weil er sonst später vielleicht Busse entführt. Ja, warum eigentlich nicht mit all den Ballaststoffen, mit den Schuldgefühlen, den

Selbstzweifeln, den Ängsten in unserem Leben genauso verfahren wie mit Mario-Barth-CDs und durchgesessenen Sesseln?

„‚Kann weg!' klingt so negativ", moniert eine Freundin, der ich von meinem ganz neu entfachten Aufräumdrang erzähle. Ja, das mag sein. Andererseits sind wir mit der Methode ‚Mehr bringt mehr' bislang leider nicht so gut gefahren. All der immense Aufwand, den Frauen betreiben, um das Leben zu führen, das sie sich wünschen, hat nur noch zu mehr Aufwand geführt. Um in Bestform zu sein, jung zu bleiben, um weiterhin hart an dem bislang unbestätigten Gerücht zu arbeiten, dass Liebe und Anerkennung proportional mit der Anzahl von warmen Mahlzeiten, gebügelten Bettbezügen und gefahrenen Kilometern zum Handballtraining der Kinder wachsen. Wenn aber mehr nicht mehr bringt, warum es dann nicht einfach mal mit weniger versuchen? Deshalb dieses Buch. Es zeigt die typischen Frauen-Denkfallen und lockert den Klammergriff um liebgewonnene Überzeugungen und Gewohnheiten, von denen wir uns dringend verabschieden sollten.

Das Beste gleich mal vorneweg: Man braucht, um so ein Frauenleben aufzuräumen, all den inneren Ballast loszuwerden, nicht mal das Sofa zu verlassen. Es lässt sich ja praktisch alles im Kopf erledigen. Ohne auch nur einen Finger zu rühren, erlebt man dabei etwas ganz Erstaunliches: dass nicht der gewinnt, der das meiste tut. Wäre es anders, hätten wir ja längst die Weltherrschaft, und Männer müssten sich schon etwas anderes einfallen lassen, als bloß zu atmen, um uns zu beeindrucken. Wir hätten Respekt, Aufmerksamkeit und endlich keine Zweifel mehr, dass wir anbetungswürdig, großartig, kompetent und liebenswert sind, und Zeit, das alles zu genießen, anstatt schon wieder nachmittags über den Hausaufgaben des Zwölfjährigen zu brüten, weil „wir morgen Mathe schreiben". Deshalb ‚kann weg', aber auch ‚weniger bringt viel mehr'. Denken wir an die Fabel vom

Hasen und vom Igel. Hören wir auf, dem Hasen nachzueifern, getrieben, gehetzt, immer unzufrieden, nie am Ziel. Nehmen wir uns lieber an den Igeln und ihrem fantastischen Sinn für Aufwand und Wirkung ein Beispiel. Ich jedenfalls möchte in Zukunft mehr Igel als Hase sein. Falls es Ihnen ähnlich geht und Sie dringend mehr Stauraum fürs Glück brauchen, begleiten Sie mich beim Entrümpeln. Sie werden staunen, wie leicht sich mehr Speicherplatz für Freude, Entspannung, Zufriedenheit, Erfolg und Leichtigkeit gewinnen lässt.

* Geteilte Arbeit ist doppeltes Vergnügen. Besonders bei einem Thema wie diesem und mit der besten Freundin. Wenn Sie dennoch von einem ‚Ich' durch dieses Buch geführt werden, dann auch, weil wir bei all den angesprochenen Themen auf einer Wellenlänge liegen. Deshalb würde es nur die Lektüre stören, jeweils kenntlich zu machen, wo Susanne Fröhlich anfängt und Constanze Kleis aufhört und umgekehrt. Geht ja außerdem auch um Wichtigeres: Erkenntnisgewinn UND Unterhaltung. Viel Spaß bei allem Folgenden!

Frauen brauchen kein Gras und kein Marihuana.

Unsere Drogen sind Hoffnungen, Illusionen, Fantasie.

DAS HERZ IST EIN MESSIE

Liebe und andere Kaulquappen

Lassen Sie uns über Liebe sprechen. Da muss selbstverständlich gar nichts weg. Im Gegenteil. Da möchte man – wie im Märchen der kleine Häwelmann – immer nur noch „mehr, mehr, mehr!“ schreien. Gibt ja immer viel zu wenig davon, und deshalb ist man ständig auf der Suche. Bei Parship & Co, ebenso wie in langjährigen Beziehungen. Das Problem ist ja nicht nur, sie zu finden. Die Schwierigkeit liegt eigentlich darin, sie am Leben und leidlich frisch zu erhalten. Überwiegend verhält es sich mit ihr nämlich wie mit den Kaulquappen, die wir als Kinder aus dem nahen Teich fischten. Statt dankbar zu sein, dass wir ihnen in unserem selbst gemachten Aquarium ein sehr viel schöneres Heim boten als die trübe Brühe, trotz all der Zuneigung, die man einer Kaulquappe nur entgegenbringen kann, entwickelten sie sich nicht etwa prächtig, sondern gingen regelmäßig nach ein paar Tagen ein.

So holen wir uns auch die Liebe in unser hübsch mit den schönsten Hoffnungen und besten Absichten ausgestattetes Herz, füttern sie artgerecht mit romantischen Komödien, ein wenig ‚Fifty Shades of Grey‘ und einem Paar Puschel-Handschellen, süßen kleinen Post-its, WhatsApp-Nachrichten voller Herzchen und Küsschen – und der Bereitschaft, sogar Bettwäsche zu bügeln und einen ganzen Bundesligasamstag in einer verrauchten Kneipe zu hocken, damit sie sich auch wirklich heimisch und angenommen fühlt. Dann schauen wir ein paar Wochen später morgens nach, wie es ihr geht, und wieder hat sie sich nicht weiterentwickelt. Schwimmt mit dem Bauch nach oben. Sagt: „Du, ich weiß nicht, mir geht das hier alles irgendwie zu schnell" oder will mehr als nur Puschel-Handschellen, nämlich Swingerklub-Besuche. Oder verbringt halbe Nächte auf Pornoseiten oder braucht ganz dringend eine größere Summe oder meint: „Du könntest auch mal abspecken und dir die Brüste größer operieren." Oder wählt die AfD und/oder will sich immer nur zum Sex treffen, aber nie in einem Restaurant oder an anderen öffentlichen Plätzen. Oder verschwindet einfach. Löscht uns aus seinen WhatsApp-Kontakten, blockt uns bei Facebook und tut so, als wäre er nie gefallen, dieser wunderbare Satz: „Mit dir will ich alt werden!"

Fröhliche Wirklichkeitsferne

Deshalb kann zwar auf keinen Fall die Liebe, könnte aber sehr gern ihr höllischer Escortservice weg. All die Enttäuschung, Ernüchterung, die kalten Duschen, der Katzenjammer, der Herzschmerz, die blöden, unsensiblen, herzlosen Kerle, die Luftnummern, Typen, die sagen: „Männer haben auch Gefühle. Hunger zum Beispiel und Durst!" – und dann noch „höhöhö". Leider kann man Männer nicht wie Kühe mit einer Tätowierung versehen, an der man noch vor dem ersten Sex erkennt, ob sie zu denen gehören, die einem mal wieder komplett die Wimperntusche ruinieren (mein Vorschlag wäre: Daumen rauf oder Daumen runter!).

Man könnte aber dem Herz einen kleinen Schutzhelm verpassen. Zum Beispiel: nicht länger da etwas sehen zu wollen, wo nachweislich nichts ist. Nicht mal Spurenelemente von Zuneigung. Das tun wir nämlich dauernd. „Der war ganz sicher interessiert!“, glaubt etwa Martina, 42 und von Beruf Floristin, nachdem sie mal wieder bei einer Ü40-Party war. „Der hat mich den ganzen Abend so angeschaut. Da war so eine intensive Spannung zwischen uns. Ich konnte spüren, wie wir magisch zueinander hingezogen wurden.“ Auf den berechtigten Einwand, weshalb er sie dann nicht angesprochen hat, ahnt sie: „Der ist bestimmt schüchtern.“ Was ihn ja nur noch sympathischer macht! „Aber warum geht er dann auf eine Singleparty? Wenn er gar nicht vorhat, eine Frau anzusprechen?“, frage ich. „Dass er es NICHT getan hat, zeigt doch nur, dass er vielleicht auch ein bisschen verliebt ist. Kennst du doch auch. Da, wo es um etwas geht, kneifen wir viel eher“, läuft Martina nun zu Fantasie-Hochform auf. Sie sieht die Lovestory schon vor sich: Wie er bereut, zu scheu gewesen zu sein, und es nun kaum erwarten kann, am nächsten Samstag wieder zu der Party zu gehen. Wie er hofft und bangt, ob er sie dort wohl wiedersehen wird. Wie er überlegt, was zu tun wäre, nur für den Fall, dass sie vielleicht wegen eines schweren Unfalls oder einer üblen Krankheit fernbleiben muss (selbstverständlich wäre sie sonst da). Und schon mal durchkalkuliert, wie viel er für sein Auto bekommt, damit er sich ganzseitige Suchanzeigen in den größten deutschen Tageszeitungen leisten kann. Übertrieben? Nein. Eher noch tiefgestapelt.

Erst kürzlich wurde eine ganz ähnliche Geschichte in einer Fernsehreportage des SWR thematisiert: Laura, eine junge Frau, lernt im Urlaub den Italiener Peppe kennen. Sie gibt ihm ihre Telefonnummer. Als sie wieder daheim ist, ruft er an. Sie kann das Gespräch nicht annehmen und auch seine Mailboxnachricht nicht abhören. Selbst der Versuch, ihn zurückzurufen, schlägt fehl: ‚Unbekannte Nummer‘ lautet die Ansage. Sieben Jahre später hat sie ihn immer noch nicht vergessen. Obwohl sie zwischendurch mal nach ihm geforscht hatte, kam sie nicht weiter. Deshalb beauftragt sie eine professionelle Personensucherin: Susanne Panter (wiedersehenmachtfreude.de).

Die fährt mit ihr und einem Fernsehteam nach einigen sehr aufwendigen Vorrecherchen nach Italien. In den vermutlichen Wohnort von Peppe, von dem man immer noch nicht mehr hat, als den Vornamen und einen Urlaubsschnappschuss, auf dem er lachend Laura umarmt. Das Foto prangt jetzt auf den Hunderten von Flugblättern, die die kleine Reisegruppe mit nach Sizilien nimmt. Ebenso wie Adressen von Presse, Hörfunk und TV und einem Lied. Laura ist Fotografin und Musikerin. Sie hat einen Song über ihre Suche nach Peppe geschrieben: ‚Salvation', Rettung heißt es. Sie singt ihn live im italienischen Hörfunk, wo sie von ihrer Suche erzählt. Peppe wird tatsächlich gefunden und zwar ganz zufällig, als der ‚Suchtrupp' in einem Café gegenüber des Senders einmal wieder das Bild herumzeigt. Der Besitzer kennt den jungen Mann, er ruft ihn an. Und nein, es gibt kein ekstatisches Wiedersehen. Peppe kann sich zwar an die Begegnung vor sieben Jahren erinnern. Für ihn war sie aber eher beiläufig. Sie hätten sich doch nur zwei-, dreimal unterhalten. Er hat zwischendurch geheiratet und schon ein Kind. Das Telefonat? Das kann er sich auch nicht erklären. Ihm sei damals im Schwimmbad das Handy gestohlen worden. Vermutlich hatte der Dieb einfach mal alle Telefonnummern durchprobiert.

Die Romantikerin in uns will sich an dieser Stelle natürlich sofort ihr Prinzessinnenkleid überwerfen und mit einem über und über mit Swarovski-Steinen besetzten Megaphon auf den Balkon ihres Barbietraumschlosses treten und all den anderen Prinzessinnen da draußen verkünden: „Lasst euch nichts erzählen. Das hätte ja auch GAAAANZ anders ausgehen können. Und wer weiß, möglicherweise ist es ja ganz anders ausgegangen. Sicher hat Peppe nach der Sendung seine Familie verlassen, weil er erkannte, dass keine andere Frau jemals so viel für ihn tun würde wie Laura! Ich lass mir jedenfalls nicht ausreden, dass ich am Ende doch IMMER den Prinzen bekomme!"

Manchmal denke ich, kein Wunder, wenn Mädchen weniger kiffen als Jungs. Es liegt nicht nur daran, dass man davon (angeblich) sehr viel Appetit bekommt und ganz viele Dickmacher essen muss. Es liegt daran, dass bei Frauen das High, die fröhliche Wirklichkeitsferne, die engagierte Verkennung beinharter Tatsachen ohnehin serienmäßig eingebaut ist. Jedenfalls wenn es um Liebe geht. Frauen brauchen kein Gras und kein Marihuana. Unsere Drogen sind Hoffnungen, Illusionen, Fantasie.

Nicole, 51, sieht deshalb gar keinen Grund, an Svens Liebe zu zweifeln. Sie hatte den Architekten vor ein paar Wochen über Parship kennengelernt. Beim zweiten Treffen gestand er ihr, dass er – wenn auch „bloß auf dem Papier" – noch verheiratet sei. Aber sie liebt ihn halt, und das bedeutet für sie, ihm quasi unbegrenzten emotionalen Kredit zu gewähren. Den kündigt sie selbst dann nicht, als er dauernd kurzfristig Treffen absagt, manchmal tagelang abtaucht und daheim auf keinen Fall angerufen werden darf. Seine Begründung: „Aus Rücksicht auf meine Frau. Sie leidet auch so schon genug unter der Trennung. Es würde sie fertigmachen, wenn sie erfährt, dass es dich gibt und wie glücklich ich mit dir bin!" Letzte Woche traf Nicole eine ehemalige Schulfreundin. Strahlend berichtete Bettina ihr, sie habe da gerade einen tollen Mann kennengelernt. Wie sie nun wieder ausgesöhnt sei mit diesem ganzen Online-Dating, mit dem sie vorher so schlechte Erfahrungen gemacht hatte. Sven heißt er, und er hat sein eigenes Architekturbüro. Er ist zwar noch verheiratet. Aber nur auf dem Papier. Wir werden bald zusammenziehen. Und nein, Nicole hat Sven nicht aus ihrer WhatsApp-Liste gestrichen. Sie wird um ihn kämpfen, sagt sie. Sie weiß einfach, dass sie füreinander gedacht sind.

Mit unseren Herzen gehen wir so fahrlässig um wie mit einem Koffer, den wir so lange unbeaufsichtigt auf den Bahnsteig stellen, bis sich endlich jemand erbarmt, ihn zu klauen.

Damit wir uns nachher darüber beschweren können, dass die Welt immer schlechter wird. Wir sind es ja oft selbst, die den Schlüssel im Auto stecken lassen, das Portemonnaie gut sichtbar für alle Taschendiebe im offenen Einkaufsbeutel mit uns herumtragen – uns ganz allein das Blaue vom Himmel und das Gelbe vom Ei von Männern wie Sven versprechen. Wider alle eindeutigen Indizien. Uneindeutigen Aussagen, vagen Versprechungen, deutlichen Zeichen von Desinteresse und allenfalls lauwarmen Gefühlen.

Würde man nach einer weiteren Enttäuschung knallhart Bilanz ziehen, wären sicher Punkte wie die dabei: „Er hat zwar gesagt, dass er mich liebt, aber erst nachdem ich ihn ungefähr 85-mal danach gefragt hatte." oder „Immer war alles wichtiger als ich. Er hat sich kaum Zeit für mich genommen. Hatte keine Lust auf lange Ferienreisen, teilte so ziemlich jede Rechnung ganz genau durch zwei." oder „Er hat mir nie etwas zum Geburtstag geschenkt." oder „Immer war ich diejenige, die angerufen hat." Und nein, man muss nicht nur einfach einen unwilligen Kerl ganz doll lieb haben, um ganz doll zurückgeliebt zu werden. So funktioniert das leider nicht.

Klar, ist es fies, dass manche Kerle einfach mitnehmen, was sie bekommen können. Auch dass sie lügen und betrügen, für Sex, für ihre Bequemlichkeit. Aber: Warum nicht, wenn es einem doch so verdammt leicht gemacht wird? Wenn man immer wieder Absolution bekommt? Wir müssen einfach selbst gut auf uns aufpassen und dürfen Schonung nicht ausgerechnet von denen erwarten, die ja gerade von unserer Fahrlässigkeit profitieren.

Deshalb kann auch das XXL-Verständnis weg, das Frauen selbst für Männer vorrätig halten, die ihr Herz gleich neben den Fischstäbchen im Tiefkühlfach aufbewahren. Dieses seltsame und manchmal bis zur Selbstzerstörung so bockbeinige Beharren darauf, dass die Liebe auch die hartnäckigsten Zuneigungsverweigerer weichspülen wird. Und diese enorme Großmut Männern gegenüber, die manchmal schon fast ins Beleidigende schwappt. Denn ehrlich, manche Frauen begegnen erwachsenen Männern mit einer Milde, als wären sie Golden-Retriever-Welpen, denen man alles gern durchgehen lässt, weil sie so supersupersupersüß sind. Selbst wenn sie schon wieder auf den Designerteppich gepinkelt haben. Ein Männerbild, das selbst jenen nicht gefallen kann, denen es letztlich nutzt.

Männer im Schonwaschgang

Woher all das Verständnis kommt, das manche Frauen immer noch so großmütig an Männer verteilen, die es nicht verdient haben? Sie sparen es sich offenbar im Umgang mit anderen Frauen zusammen. Ich lese, 70 Prozent aller Frauen, die von ihrem Mann betrogen wurden, nehmen das nicht so sehr ihm, sondern vor allem der anderen Frau übel. Die hat ihn sicher gegen seinen Willen nach dem ‚Teambuilding-Seminar' in ihr Hotelbett gezerrt, während er schon nackt noch „Bloß nicht, ich bin verheiratet!" greinte. Oder er fühlte sich einfach zu einer zweijährigen Affäre verpflichtet, dieser grundgute Kerl, weil er es nicht länger mit ansehen konnte, wie die zehn Jahre jüngere Kollegin sich nach ihm verzehrte. Deshalb kann auch das weg: Männer dauernd nur im Schonwaschgang zu behandeln. Bloß weil sie Männer sind. Als wären sie nicht bei Trost, unzurechnungsfähig und keineswegs haftbar zu machen. Wie sollen sie sonst lernen, Verantwortung zu übernehmen? Für Sätze wie „Ich liebe dich!" oder „Ich werde meine Frau verlassen!" oder „Ich weiß auch nicht, wie ich im Bett dieser 24-Jährigen landen konnte." Oder dafür, dass sie sich tagelang nicht melden, nie ein Essen bezahlen? Man wünscht sich nur, Frauen würden Frauen mit derselben Großzügigkeit begegnen wie Männern und wären etwas britischer.

Elisabeth, die lange in London gelebt hat, erzählt, wie sich die Frauen dort dauernd und leidenschaftlich Komplimente machen. Wie es ein ganzes Vokabular dafür gibt, eine andere toll zu finden, ihr Selbstbewusstsein zu päppeln: „Es ist ganz normal, dass man sich regelrechte Liebeserklärungen macht." Mit Staunen beobachtet sie, wie streng Frauen hier in Deutschland mit Frauen sind. Wie erbarmungslos. „Während Männer für jede Kleinigkeit beklatscht werden. Ich warte immer noch auf den Tag, an dem mein Mann mit einem Oscar nach Hause kommt, den ihm die Kolleginnen dafür verliehen haben, dass er meinetwegen nach Deutschland umsiedelte. Dass er sich quasi geopfert hat. Klar, wegen eines tollen Jobangebots, das ich bekommen hatte. Aber er profitiert ja auch von dem Geld, das ich nun mehr verdiene."

Wie groß die Narrenfreiheit ist, die Männer bei Frauen genießen, berichtete auch Marion, von Beruf Gynäkologin, die anlässlich eines Ärztekongresses zu einem größeren Dinner geladen war. „Einer der Professoren, ein Mann um die 60, war so dermaßen beleidigend zu allen, dass ich erst dachte, er würde vielleicht unter dem Tourette-Syndrom leiden. Du weißt schon, diese Krankheit, bei der man zwanghaft flucht und schimpft. Mir tat er fast schon leid, weil ich annahm, die Gastgeberin hätte vergessen, uns darauf aufmerksam zu machen. Bis ich nach einigen ‚Warum glotzen Sie so blöd?' oder ‚Diese dämliche Schnepfe!' oder ‚Halten Sie doch einfach die Klappe, wenn Sie nichts zu sagen haben!' kapierte, dass der noch als total ‚normal' durchging." „Der ist immer so!", raunte mir meine Sitznachbarin zu. Ich solle das bloß nicht persönlich nehmen. Ich fragte: „Aber warum lädt man ihn dann ein?" Darauf sie: „Er ist doch ein Mann, da darf man sowieso nicht jedes Wort auf die Goldwaage legen." Hätte eine Frau auch nur annähernd so viele Unverschämtheiten losgelassen, sie wäre vermutlich das letzte Mal Gast gewesen, und zwar für den Rest ihres Lebens.

Trau, schau, wem …

Es gibt ungefähr 4871 exzellente Gründe, einem Mann nicht zu trauen. Darunter: Männer, die sich nach dem ersten Sex in Luft auflösen. Männer, die Frauen mit einem Berg von Schulden und zwei Kindern sitzen lassen, die sich arm rechnen, bloß um keinen Unterhalt für ihr eigen Fleisch und Blut zahlen zu müssen. Die als Prinzen antreten, um an unserer Seite zur Riesenassel zu mutieren, die uns mit falschen Profilen in den Online-Dating-Portalen wochenlang aufs Glatteis führen. Und solche, die beim Frühstück noch schwören, nicht ohne uns leben zu können, um abends zu erzählen, dass sie morgen zu einer anderen ziehen, die übrigens im neunten Monat schwanger ist. Nicht zu vergessen jene, denen es bei Weitem nicht genügt, ihre Frauen mit einer Neuen unglücklich zu machen. Sie müssen auch noch in aller Öffentlichkeit das karge Rest-Selbstbewusstsein ihrer Ex schreddern.

So wie Schleswig-Holsteins ehemaliger Ministerpräsident Torsten Albig. Der begründete in einem Interview mit ‚BUNTE‘ seinen Partnerinnenwechsel tatsächlich unter anderem damit, dass seine Ehefrau ihm im wahrsten Sinne des Wortes zu blöd geworden war: „Irgendwann entwickelte sich mein Leben schneller als ihres. Wir hatten nur noch ganz wenige Momente, in denen wir uns auf Augenhöhe ausgetauscht haben. Ich war beruflich ständig unterwegs, meine Frau war in der Rolle als Mutter und Managerin unseres Haushaltes gefangen.“ Kein Wort darüber, wer sie in diese ‚Gefangenschaft‘ gebracht und 27 Ehejahre lang davon profitiert hat.

Da kann man schon mal das Vertrauen verlieren und zu der Entscheidung kommen, dass es zukünftig besser wäre, sich grundsätzlich eine eidesstattliche Versicherung unterschreiben zu lassen, die es dem Mann verbietet, untreu zu sein, unzuverlässig, gleichgültig. Weil man sonst straffrei sein Auto verbrennen darf. Das ist jedenfalls so ungefähr der Plan von Lisa. Erst wurde sie von ihrem Mann wegen einer Jüngeren verlassen, und dann stellte sie nach sieben Monaten Beziehung mit einem Jürgen fest, dass der gar nicht – wie er behauptet hatte – geschieden war. Also testet sie jetzt etwaige neue Kandidaten gründlich auf Herz und Nieren. Will immer gleich wissen, woran sie mit ihnen ist, welche Absichten sie hegen – und zwar nicht nur für diesen Abend oder die nächste Woche, sondern am liebsten schon für den Rest des Lebens. Stellt Prüfungsaufgaben wie: „Willst du übermorgen mit mir essen gehen und falls nicht, weshalb?" Oder: „Ich habe gesehen, dass du meine WhatsApp-Nachricht bekommen hast. Weshalb hast du dann erst vier Stunden später geantwortet?" Meinen Einwand, sich zu gedulden, den Dingen ihren Lauf zu lassen, abzuwarten, wie sich die Beziehung entwickelt, findet sie wenig zielführend. „Ich habe schon viel zu viel Zeit mit den Falschen vergeudet." Am liebsten wäre es ihr, Männer wären mehr wie Auerhähne. Die singen, wenn sie es ernst meinen.

Ja sicher, Misstrauen ist gut und oft dringend notwendig. Bei denen, die es verdient haben. Aber es macht erstens keinen Sinn, Bernd, Matthias oder Simon für Klaus, Martin und Jürgen büßen zu lassen. Und zweitens, die grob fahrlässigen Fehler, die man bei den Vorgängern machte, nun durch überdosiertes Sicherheitsdenken bei den Nachfolgern ausmerzen zu wollen. Die meisten Menschen verschenken ihre Gefühle, ihre Zuneigung gern freiwillig, anstatt zum Beziehungsappell antreten zu müssen. Und fast alle finden es viel aufregender, wenn sich da etwas ganz frei entwickeln kann und nicht der gesamte Verlauf der Anbahnung quasi Vertragsverhandlungen ähnelt. „Also, wir hatten Sex, heißt das, du meinst es ernst? Ist es Liebe? Wo siehst du uns in einem Jahr? Willst du Kinder? Wie viele? Sag mir, was genau du an mir unwiderstehlich, hinreißend, atemberaubend findest." Klar: Wenn sich einer nach einem Jahr noch nicht dazu äußern mag, ob man jetzt ‚eine' Freundin, der Lebensmensch, eine Bekanntschaft ist. Wenn er nicht einmal sagen konnte: „Ich liebe dich zum Verrücktwerden!" Wenn einer so gar keine Pläne machen will, alles andere wichtiger ist, er sich nicht mal die bedeutsamsten Ereignisse in unserem Leben merken mag noch darüber sprechen möchte. Wenn ihn nicht interessiert, was wir beim Sex mögen, wenn er dauernd etwas auszusetzen hat, an uns, an dem, wie wir leben – DANN ist es schon fast zu spät für Misstrauen und sowieso höchste Zeit, sich nach Alternativen umzusehen. Aber es ist nicht die Schuld der netten Männer, wenn wir bei den miesen oft nur allzu bereit sind, Signale zu übersehen, die vermutlich noch vom Mars aus deutlich zu erkennen sind.

Trotzdem meint Lisa: „Wenn ich doch gleich weiß, was ich will, kann ich das auch vom anderen erwarten." Ich sage: „Wie kannst du das wissen, wenn du jemand noch gar nicht so gut kennst? Und eigentlich ist es doch gerade das Spannende, das ganz allein zu zweit in herrlichen Selbstversuchen – im Bett, im Kino, beim Essen, beim Spazierengehen, im Urlaub – herauszufinden, anstatt sich gleich eine Gebrauchsanweisung für den anderen geben zu lassen." Kann ja auch sein, dass der vielversprechende Kandidat an sich kein Freund von langen Wanderungen ist, aber für Lisa eine Ausnahme machen würde. Und sie wiederum entdeckt, dass es ein Fehler war, von vornherein jeden Kerl ausschließen zu wollen, der sich für Fußball interessiert. Weil sie nun – so im Nahkontakt – feststellt, wie unwichtig es ist, ob Martin eine Dauerkarte für Eintracht-Frankfurt-Spiele besitzt, er sogar noch Eishockey-Fan sein könnte, weil sonst diesmal wirklich alles stimmt. Nein, Lisa hat so ihre Erfahrungen. Bislang hat niemand all ihre Prüfungen bestanden. Jeder ist abgesprungen. Für sie wieder mal eine Bestätigung dafür, dass Männern grundsätzlich nicht zu trauen ist.

Kein Wunder. Niemand interessiert sich langfristig für jemand, der einem von Anfang an die Bindungsfähigkeit eines

Braunbären unterstellt. Liebe sollte aber auf keinen Fall in Selbstbestrafung münden. Und bevor man sich mit seinen Enttäuschungen häuslich einrichtet und dauernd so einen bitteren Beigeschmack auf der Zunge hat, ist es dringend zu empfehlen, nicht die Guten bloß wegen der Bösen zu verpassen, den Netten nicht das Misstrauen entgegenzubringen, das eigentlich pronto per Direktüberweisung auf das Konto der Unnetten gehört. Selbst wenn man wirklich schlechte Erfahrungen machen musste, ist es auf die lange Strecke die einzige Möglichkeit, in der Liebe überhaupt noch mal Land zu sehen. Aber wann weiß man, dass es wirklich Liebe sein muss und wie groß sie ungefähr ist? Muss man sich täglich Sterne vom Himmel holen lassen, oder genügt die Anschaffung eines Liebesschlosses? Man könnte sich auch einfach einen Regenschirm kaufen: Laut dem amerikanischen Essayisten Jimmy Cannon kann man damit sehr gut beurteilen, wie groß die Liebe ist. Nämlich so viel, wie ein Mann uns Platz unter dem Regenschirm einräumt.

Einhörner-to-go

Keine Zweifel sollte es geben, falls nicht mal mehr Spurenelemente von Zuneigung da sind und es bei fortlaufender Ignoranz, dauerndem Niedermachen, notorischer Kaltherzigkeit bleibt. Wenn er sie ständig kleinmachen muss und über sie sagt: „Ach, das versteht sie sowieso nicht" oder zu ihr „Wie blöd bist du eigentlich" oder „Das interessiert mich nicht." Wenn einer sich lieber selbst anzünden würde, als einmal den Satz „Tut mir leid!" über die Lippen zu bringen. Aber nur, weil einer nicht mehr japst vor Glück, wenn wir abends nach Hause kommen, sondern höchstens noch, wenn es so aussieht, als würde seine Lieblingsmannschaft den Aufstieg in die nächste Liga schaffen, gleich ALLES in Frage stellen? Wenn er den Gourmettempel und das Romantik-Dinner verweigert und lieber in die Stehpizzeria will? Und wenn Weihnachtsgeschenke auch mal aussehen, als hätte da ein Christkind mit Alkoholproblemen etwas für eine total Fremde zusammengepackt?

Bei geschätzt 85 Prozent aller Frauen klafft spätestens nach ein paar gemeinsamen Monaten eine gefühlte Lücke so groß wie der Andreasgraben zwischen Romantik-Soll und -Haben. Und entsprechend entwickelt sich in Beziehungen nichts schneller als die Unzufriedenheit. Wie Kaugummi klebt sie an der Liebe. Praktisch ab dem Moment, in dem man aufhört, dauernd vor lauter Leidenschaft wie bekifft zu sein. Dafür beginnt man zu vergleichen. Mit Hollywood-Romanzen, Liebesromanen, Fernsehschnulzen, mit den Paaren in der Margarine-Werbung und im Umfeld. Da sieht man dann, wie es einer Rosen regnen lässt aus einem Hubschrauber, wie er Ozeane überquert und Kontinente. Wie er sich von der Spitze der Gesellschaft hinunterbeugt, um das Märchen vom Prinzen, der die Magd freit, oder vom Piloten, der die Stewardess heiratet, wahr werden zu lassen. Schon fühlt man sich emotional unterzuckert und fragt sich, warum kann Olaf nicht mehr wie Leonardo DiCaprio sein? Ganz einfach: Weil Leonardo DiCaprio dafür bezahlt wird, wenigstens vor der Kamera romantisch zu erscheinen. Und weil das Wesen der Romantik, frei nach Oscar Wilde, die Ungewissheit ist. Meint: Es liegt in ihrer Natur, sich nicht vorschreiben zu lassen, wie und wo sie sich zu zeigen hat und wie teuer sie sein muss, damit wir endlich zweifelsfrei wissen, dass es Liebe ist.

Romantik, die wahre: Die, die das Herz ergreift und an die man sich noch erinnert, wenn man mit 90 sonst alles vergessen hat, entfaltet sich seit ihrer Geburt im 18. Jahrhundert am besten als Kind der Freiheit und der Fantasie. Sie wirkt dann umso stärker, wenn jeder für sich und seine Gefühle einen eigenen Ausdruck findet, anstatt auf die gefriergetrocknete Instant-Romantik zurückzugreifen. Nichts gegen ein im Voraus gebuchtes Candle-Light-Dinner, für das der Veranstalter schon mal alles klargemacht hat – sogar die Rosenblätter auf dem Bett. Auch nichts gegen Liebesschlösser, die man mittlerweile im Internet sogar an virtuelle Brücken hängen kann. Ein Klick, ein Bezahlvorgang, und schon ist die Sache mit der Romantik eingetütet. Denkt man. Aber dann fragt man sich doch: Ist das alles? Oder aber: Wenn es so einfach ist, weshalb tut mein Mann das nicht mal für mich? Damit alle anderen sehen, was er für mich empfindet? Ja, es wird einem verdammt schwer gemacht, seine ganz eigene Romantik zu entwickeln.

Das hat auch Nina gemerkt, als sie erzählte, dass sie ihren Hochzeitstag mit Ehemann Robert auf dem Wochenmarkt gefeiert hat „mit Bionade und Backfisch am Foodtruck". „Gab's nicht mehr?", fragte Sabine entgeistert. Nein, sonst nichts. Nicht mal die heiße Liebesnacht vor dem Kamin, die die überwiegende Mehrheit der Deutschen laut ener Studie für den Gipfel der Romantik hält. „Wir haben gar keinen Kamin!", sagte Nina. Aber das zählte nicht. Sabines Urteil war gefällt: Dass es Ninas Ehe ganz offenbar an jenen Sternschnuppenmomenten mangelt, wegen denen man sich ja überhaupt nur für das Lebensmodell ‚Zweisamkeit' entscheidet. „Bionade und Backfisch kann man doch auch mit Freunden haben!", meinte sie. „Robert ist unter anderem auch mein Freund", verteidigte Nina ihr höchstens hellrosa Romantik-Modell gegen Sabines schrill-pinke Version. Und dann sagte sie noch, dass sie keine Lust habe, sich von Partnerschaftsportalen, Eventmanagern, Hochzeitsausstattern, Reiseveranstaltern vorschreiben zu lassen, was romantisch sei und was nicht. „Das sind doch bloß Einhörner-to-go. Da will uns jemand unsere privaten Märchen in Dienstleistungen übersetzen. So wie es einmal in der Werbung eines Schmuckherstellers hieß, dass ein Diamant Liebe sein soll. Man kann Gefühle doch nicht wie eine Pizza bestellen und bezahlen." Aber man kann es versuchen, und das ist es, was wir uns oft so vergeblich vom Mann erhoffen: Dass er sich an die internationalen Regeln zum Ausdruck von Gefühlen, an die Einkaufsliste der Romantik hält. Verweigert er das, ist die Enttäuschung groß. Da denkt man, alle meine Freundinnen haben von ihrem Mann zum Valentinstag einen großen Strauß bekommen, nur meiner hat mir nichts geschenkt. Ich glaube, er liebt mich nicht mehr! Oder: Heiratsantrag ohne wenigstens ein Feuerwerk? Einen YouTube-tauglichen Flashmob? Das wird bald in Scheidung enden!

Dabei bemisst sich die Größe des Glücks vor allem daran, wie viel Sicherheit man dafür bereit ist aufzugeben. In vielen wissenschaftlichen Studien wurde belegt, dass romantische Liebe und Risiko Seelenverwandte sind. Etwa von dem Psychologen Arthur Aron von der Uni New York in Stony Brook und seinem legendären ‚Brückenversuch'. Er fand heraus, dass bei Furcht die gleichen körperlichen Reaktionen abgespult werden wie in der Hochphase der Verliebtheit. Adrenalin wird gebildet, Dopamin fließt. Das bedeutet: Aufregung, Abenteuer. Dieses prickelnde Gefühl, etwas zu wagen, und sei es nur, dass es bei dem spontan anberaumten Picknick für zwei aus Kübeln schütten könnte. Romantik ist – wie das Glück überhaupt – eine Überwindungsprämie. Sie wird fällig, wenn wir nicht schon immer vor lauter Angst danebenzulieben, am Anfang wissen müssen, wie wir uns am Ende fühlen werden; wenn man darauf baut, dass der andere für seine Zuneigung ganz sicher Ausdrucksformen findet und zwar seine eigenen. So wie Max. Er und Mia sind nicht gerade die heißesten Anwärter für einen Romeo-und-Julia-Ähnlichkeitswettbewerb. Jeder lebt auch sein eigenes Leben. Max ist oft wochenlang unterwegs – er segelt gern und macht am liebsten Turns mit Freunden. Mia hat nach vielen Fernreiseerfahrungen für sich entschieden, dass sie eigentlich am liebsten daheim ist. Sie besucht allenfalls alte Schulfreundinnen, die über ganz Deutschland verteilt leben. Und während Max gern lange schläft, ist Mia Frühaufsteher. „Wir haben deshalb auch getrennte Schlafzimmer. Wir müssen uns wirklich einmal die Woche verabreden, um uns sicher zu sehen." Manchmal, sagt sie, weiß sie gar nicht, ob Max überhaupt zu Hause ist. Als sie vor einiger Zeit wegen eines größeren Eingriffs in eine Klinik musste, fuhr sie dort allein hin. „Wir sind eben einfach nicht eines dieser Paare, die sich dauernd gegenseitig betüteln müssen." Natürlich war Max da, als Mia aus der Narkose erwachte, und auch am nächsten Tag. „Da kam er in mein Zimmer und sagte, ich solle mal ans Fenster gehen. Da stand es: mein Traumauto. Ein kleiner roter Flitzer." Er meinte: „Nur damit du weißt, dass es sich lohnt, ganz schnell wieder gesund zu werden."

Man kann sich eben auch einfach mal darauf verlassen, dass der Mann seine Gefühle schon ausdrücken wird. Eben auf seine Weise. Klar, da muss man manchmal genauer hinschauen, weil manche Gesten auf den ersten Blick deutlich unscheinbarer sind als etwa ein XXL-Rosenstrauß. Aber mit ein bisschen Übung bemerkt man vielleicht, dass sie dann doch viel, viel größer sind als alles, was die Einhorn-Industrie jemals auf dem Markt gebracht hat. Was man gewinnt, wenn man sich ohne Sicherheitsgurt ganz vertrauensselig und haltlos in die Arme der Romantik sinken lässt, zeigte auch eine Fernsehdokumentation über eine internationale Online-Singlebörse. Ein TV-Team begleitete eine Frau aus Kanada zu ihrem ersten Treffen mit ihrem Online-Flirt nach New York. Da stand er dann am vereinbarten Treffpunkt am Times Square: ein kleiner, rundlicher Mann, schlampig angezogen, mit Tennissocken in den Birkenstocksandalen. Ein Waldschrat auf Freiersfüßen. Die Frau sah ihn bereits, bevor er sie entdeckte, und war entsetzt. Überlegte dann aber – der lange Weg, der Flug, und wo man schon mal da war… Also entschied sie sich, wenigstens den Nachmittag mit ihm zu verbringen. Einige Wochen später besuchte das Fernsehteam die beiden erneut in New York. Und während sie erzählten, wie es so gelaufen war, hätte man als Zuschauerin am liebsten gesagt: „Packen Sie mir den ein. Ganz egal, wie viel Zoll er kostet." Dieser eher unscheinbare Mann, übrigens ein Opernsänger, hatte die romantischsten Seiten der Stadt für diese Frau aufgeblättert. Hatte die nettesten Dinge für sie getan, sie auf Händen getragen, sie mit Charme dermaßen eingewickelt, dass sie für ihn vermutlich sogar Daniel Craig stehen lassen würde. Ach ja, Tennissocken trug er auch nicht mehr.

Romantik kann überall sein. Selbstverständlich auch in Feinschmecker-Restaurants. Besonders wenn man weiß, dass er das Geld für die neuen Autofelgen gerade klaglos in die Freude investiert hat, die er seiner Frau mit einem Essen bereitet, das sie sich sonst nicht oft leisten (und dass er sie beim nächsten Streit sicher nicht daran erinnern wird). Und natürlich ist grundsätzlich nichts gegen Traumhochzeiten, gegen Liebesschlösser und schon gar nichts gegen Diamanten einzuwenden. Wir sollten sie nur nicht zu Qualitätsnachweisen für unsere Gefühle machen. Klar, das ist nicht so einfach, wie es klingt. Und ich höre schon Sabine fragen: „Wie soll ich wissen, ob es Liebe ist, wenn er es mir nicht zeigt? Wenn ich keinen Strauß bekomme, keine Tischreservierung im Gourmettempel zum Hochzeitstag?" Antwort: „Genau das ist das Problem. Dass wir uns diese Fragen stellen. Dass uns all die Instant-Romantikangebote immer mehr die Sicht auf die kleinen, alltäglichen Liebesbeweise verstellen, die vielleicht nicht so teuer, aber viel kostbarer sind." Sabine würde nun einwenden, dass ihrem Mann nicht mal dann etwas anderes als das übliche Programm einfallen würde, wenn man es ihm auf XXL-Schautafeln malte. Aber das stimmt gar nicht. Ich kann mich jedenfalls noch sehr gut an ein kleines Video erinnern, das sie uns einmal zeigte: Wie ihr Mann im letzten Urlaub, in diesem Luxus-Beach-Club für sie Faxen schnitt wie ein Achtjähriger, um sie nach einer blöden Nachricht aufzumuntern. Und es ihm ganz egal war, dass er sich vor einem Dutzend mörder-cooler Hipster für alle Zeiten zum Horst machte. Ich fand das wahnsinnig romantisch. Viel romantischer, als noch ein Liebesschloss an eine Brücke zu hängen oder sich einen Kamin anzuschaffen.

Unter allen Umständen

Gerade habe ich von einer Umfrage gelesen, in der die überwiegende Mehrzahl der Frauen angab, dass auch eine schlechte Beziehung besser sei, als gar keinen Mann zu haben. Kann natürlich sein, dass ‚schlecht' in diesem Zusammenhang einfach meint: ‚nicht überwältigend' oder ‚okay, seit George Clooney weg ist, muss ich mich eben mit Hans-Martin bescheiden'. Kann auch sein, dass man an seinen Singlefreundinnen sieht, wie mühsam so eine Partnersuche bisweilen ist – und sich die Ausbeute im besten Fall nicht so wesentlich von dem unterscheidet, was man ohnehin schon daheim hat. Ganz übel aber wäre, man würde einfach nur deshalb die Zähne zusammenbeißen und die Füße ruhig halten, weil man sich ein Glück ohne Mann nicht zutraut, und deshalb Konzessionen macht, die weder dem Selbstwertgefühl noch dem Mann oder der Beziehung guttun. Mit denen man sich erpressbar macht. Weil man wichtige Veränderungen nicht mit der gebotenen Zielstrebigkeit angeht und berechtigte Ansprüche nicht anmeldet, aus Angst, er könnte sagen: „Dann geh doch, wenn es dir nicht passt", oder noch schlimmer, feststellen zu müssen, dass ihm alles egal ist.

Worauf das hinausläuft, erfuhr ich kürzlich, als ich zufällig mit einer 83-Jährigen ins Gespräch kam. Sie erzählte mir, sie sei gerade gemeinsam mit ihrem Mann in ein Altenheim gezogen. Er sei sehr dement. Sie hätte die Pflege daheim allein nicht mehr stemmen können, wollte ihn aber auch nicht allein umsiedeln lassen. Ich fragte sie, ob sie denn in ihm noch den Menschen wiedererkennen würde, den sie einmal geheiratet und mit dem sie Kinder hat. „Nein! Gar nicht, er ist ein ganz anderer, als der, der er war", sagte sie. Und dann, dass genau das ihr großes Glück sei. „Er konnte nie sagen oder zeigen, dass er mich liebt oder die Kinder. Er war immer distanziert. Nie zugewandt." Jetzt, wo er sich an fast gar nichts mehr erinnern kann, sei er endlich zärtlich und anhänglich. Sie freute sich darüber, das sah man ihr an. Das war einerseits rührend und gleichzeitig wahnsinnig traurig. Was, wenn ihr Mann früher gestorben wäre? Wenn er einfach einen Herzinfarkt gehabt hätte? Sie hätte über 50 Jahre lang vergeblich gewartet auf eine Geste der Zuneigung. Deshalb: Ja, ein Mann wäre schön. Und wenn nicht? Dann eben nicht. Und auf keinen Fall unter allen Bedingungen – solchen, wie sie Frauen immer noch als Zugangsvoraussetzung für eine Beziehung halten: „Lass ihn bloß nicht deinen Erfolg spüren!" Oder: „Sei nicht zu selbstbewusst!" Oder: „Halt doch einfach mal die Klappe, selbst wenn du es besser weißt." („Auch wenn er sagt, die Hauptstadt von Brasilien sei Buenos Aires?" – „Ja, auch dann!" – „Und wenn er dauernd ‚als' und ‚wie' verwechselt?" – „Sagst du nichts …") Wer so denkt, macht sich unglücklich. Viel unglücklicher, als man es ohne Mann überhaupt je sein könnte.

Nasse Katzen im Orgasmusrausch

Als hätte es Kolle, Kinsey, den ‚Schulmädchen-Report' und den Sexualkundeunterricht nie gegeben, scheint das Bedürfnis nach Orientierung in Sachen Lust und Leidenschaft größer denn je. Gemessen an den Informationsangeboten – wie ‚Zehn Tricks, die ihn verrückt machen!' –, regiert dabei offenbar die Vorstellung, dass da draußen irgendwo eine Geheimwaffe existiert. Ein Kniff, mit dem man die für das Procedere eigentlich vorgesehenen Anstrengungen locker umgeht. Sich also Vorspiel, Zärtlichkeit, Freundlichkeit, Berücksichtigung persönlicher Vorlieben (auf keinen Fall ‚Kniekehlen kitzeln') sparen kann.

Mit dem man einfach nur – weil man den richtigen Quadratzentimeter gerieben, eingespeichelt, angepustet, gedrückt hat – den anderen so dermaßen in Ekstase bringt, dass der für alle zukünftigen Liebesabenteuer verdorben ist und lebenslang mit keinem anderen mehr Sex haben will. Vermutlich schauen sich Männer deshalb rein aus Fortbildungsgründen ‚Nasse Katzen im Orgasmusrausch' an. Während Frauen mit ‚Wie man einen Mann absolut heiß macht' nach Möglichkeiten suchen, im Bett die perfekte Performance abzuliefern.

Sicher ist Wissbegierde per se immer zu begrüßen. Umso mehr, als manche erwachsene Männer nicht mal die wichtigsten Geografie-Grundkenntnisse ins Bett mitbringen und man einigen am liebsten eine Grubenlampe spendieren möchte. Nur damit sie bei der Suche nach dem G-Punkt nicht weiterhin in der völlig falschen Richtung unterwegs sind (anstatt auch nur EINMAL nach dem Weg zu fragen). Ansonsten gilt, was die britische Autorin Flic Everett in ‚Der Sex-Guide für freche Frauen' einmal schrieb: „Genau genommen gibt es nur fünf Positionen, die für angenehmen Sex geeignet sind – alle übrigen sind nur reine Dekorationen und dienen dazu, die Welt einmal aus anderer Perspektive zu sehen."

Überhaupt ist es gerade beim Sex ziemlich unpraktisch, alles unter Kontrolle haben zu wollen und sich jede Handlung überlegen zu müssen (‚Wie war das noch mal? Erst Po kneten, dann Brustwarzen kneifen oder umgekehrt?'). Deshalb ist die schlechte Nachricht gleichzeitig auch die gute: Es gibt kein Geheimnis. Man wird weiterhin ganz allein zu zweit (oder auch mit mehreren) im Bett herausfinden müssen, was dem anderen bzw. was einem mit ihm gefällt. Was gut ankommt und wovon man besser die Finger und auch andere Körperteile lässt. Mit allen Unsicherheiten, die nun mal dazugehören. Inklusive der vielleicht größten: ob man selbst nach 35 Ehejahren einander noch leidenschaftlich verfallen sein wird. Ehrlich, das wissen wir auch nicht. Nur eines dürfte ganz klar sein: Ohne die Leichtigkeit und das Vertrauen, über die Peinlichkeiten und Fettnäpfchen locker hinwegzulieben, die nun mal überall und in allen Schlafzimmern herumstehen, ohne den Mut, gemeinsam Neuland zu entdecken und dabei beherzt herumzudilettieren, wird es ganz sicher eng. Deshalb kann zuallererst die Idee weg, man braucht ausgerechnet beim Sex Planungssicherheit. Und wo wir gerade so gemütlich im Bett liegen, würden wir vorschlagen, auch gleich ein paar andere Irrungen und Wirrungen auf dem Erotik-Sperrmüll zu entsorgen. Nur damit Sie und Ihr Mann, Freund, One-Night-Stand ein bisschen mehr Platz haben für all das, was immer Sie dort am liebsten tun.

Traumkörper führen zwangsläufig zu Traumsex

„Äh, nein!", behauptet Bianca. Sie ist Fachkraft bei dieser Frage. Sie hatte schon ein, zwei, eher drei ‚Traumkörper' im Bett. „Fantastisch aussehende, wunderbar durchtrainierte Kerle, die ich mir von einem Bartresen mit nach Hause genommen hatte. Einer war ganz passabel. Die beiden anderen sind eher nach der Devise verfahren: ‚Also ich habe hier meine ganze Pracht und Herrlichkeit mitgebracht. Ich erwarte jetzt eine angemessene Gegenleistung. Deshalb: Tu was, beeindrucke mich, mach's mir!' So schön kann gar kein Mann sein, dass er tatsächlich im Bett keinen einzigen Finger rühren müsste." Auch umgekehrt bekommt man als Frau nicht schon deshalb freien Eintritt ins Reich der Sinne, bloß weil man gertenschlank, fantastisch proportioniert und hinreißend schön ist. Außer man würde mit sich selbst schlafen. Da aber zum Sex mindestens zwei gehören, bleibt einem der größte Unsicherheitsfaktor in jedem Fall erhalten: der Mann. Ob dessen erotische Fähigkeiten proportional zum guten Aussehen seiner Partnerin steigen, kann – bei allem, was man so hört – bezweifelt werden. Sollte man allerdings glauben: Wenn ich erst mal dünn bin, werde ich beim Sex endlich an Sex denken können und nicht daran, wie mein Bauch aussieht, die Brüste, das Doppelkinn, dann vergessen Sie es. Wenn Sie das mit zehn Kilo mehr nicht schaffen, wird es Ihnen auch mit zehn Kilo weniger nicht gelingen, alles an Ihnen so weit in Ordnung zu finden. Mehr als ausreichend jedenfalls, um fantastischen Sex zu haben.

„Die anderen tun es doch auch …"

Das sagen Männer manchmal, wenn sie etwas wollen, für das man sich so gar nicht erwärmen kann. Dann sagen sie vielleicht noch, dass es einem ganz sicher auch Spaß machen wird und man es schon der erotischen Horizonterweiterung wegen tun sollte. Also praktisch als Weiterbildungsmaßnahme. In einem solchen Moment könnten wir uns doch glatt an unsere Mütter erinnert fühlen, die früher sagten: „Und wenn Carla aus dem fünften Stock springen würde, würdest du es dann auch tun?" Außerdem sind wir, sofern wir über 18 sind, durchaus in der Lage, allein zu beurteilen, was uns Spaß machen würde und was nicht. Und zuletzt darf man ernsthaft bezweifeln, ob einer, der einem Sex-Techniken aufschwatzen will, als handele es sich um einen neuen Handyvertrag, die überhaupt auch nur annähernd zufriedenstellend anwenden wird.

Langweiliger Sex geht gar nicht

In einem Magazin fand ich folgenden Beitrag: „Fünf Anzeichen, dass er den Sex mit dir langweilig findet". Und dass „langweiliger Sex gar nicht geht". Ehrlich: Das stimmt nicht. Langweiliger Sex geht sogar sehr gut. Gerade in dieser Sekunde haben da draußen Millionen Menschen langweiligen Sex. Und wissen Sie was: Sie erschießen sich nachher nicht. Auch nicht gegenseitig. Sie lassen sich nicht mal scheiden. Sie finden es sogar ganz in Ordnung. Und vermutlich tun sie auch nichts von dem, was der Artikel seinen Leserinnen mit einer Dringlichkeit anrät, als handele es sich um den letzten Rettungsring auf der Titanic: Den häuslichen Sex-Service zu verbessern, damit es eben nicht zu den dramatischen Entwicklungen kommt, die der Artikel als Indizien für sexuelle Ödnis aufführt: Der Mann schaut nach anderen Frauen, „der Sex mit ihm fühlt sich mechanisch an", und er reagiert nicht, wenn wir in Unterwäsche an ihm vorbeigehen. Da muss man ihn natürlich SOFORT „mit mehr Kreativität und Spontaneität im Bett" wieder für sich gewinnen. Mal abgesehen davon, dass Sex keine Einbahnstraße ist und sich gefälligst auch der Mann überlegen könnte, wie er den Sex unterhaltsamer gestaltet, gehört langweiliger Sex unbedingt ins Portfolio. Man muss einfach auch mal ganz ohne Performancedruck umstandslos zur Sache kommen können, und außerdem würde der nicht langweilige Sex längst nicht so gut dastehen, so ganz ohne den langweiligen.

Für guten Sex gilt: lebenslanges Lernen

Das wäre vollkommen richtig, würden sich die allermeisten Sex-Tipps nicht auf einem so erbärmlichen Niveau bewegen. Tatsächlich wird uns etwa gesagt, dass es Männer irritiert, wenn wir dabei in Tränen ausbrechen. Ich habe ehrlich gesagt, noch nie beim Sex geheult und auch keine Freundin, wie eine kurze Umfrage ergab. Natürlich haben wir auch darüber gesprochen, weshalb man überhaupt beim Sex weinen soll. Hier eine nicht vollständige Vorschlagsliste: Schmerzen. Er schreit beim Orgasmus „Mutti!" oder „Ogottogott, ogottogott". Die Performance ist so trostlos, dass einem dabei all die anderen traurigen Dinge einfallen, die in letzter Zeit passiert sind. Man hat in dieser ausgefallenen Stellung, die er unbedingt wollte, gerade das Bild von seiner Frau und seinen Kindern unter dem Bett entdeckt oder „die total verpilzten Fußzehen, mit denen er gerade eben noch – du weißt schon wo – war“, ergänzt Cornelia und beharrt darauf, sich das bloß ausgedacht zu haben.

Nervig auch all die Ratschläge, die den Sex für eine Art Service-Wüste halten. Und finden, dass es die Aufgabe der Frau sei, sie mit diversen Dienstleistungen am Mann zum Blühen zu bringen. Da sollen wir dann nicht zu viel, aber auch nicht zu wenig reden. Tunlichst den Diminutiv – die Verkleinerungsform –, egal von was, vermeiden. Und auf keinen Fall dürfen wir den Blowjob auslassen. Und auch nicht, dabei eine solche Begeisterung zu heucheln, als wären wir gerade auf dem Gipfel all unserer Träume angelangt. Ach ja: Auch die Prostata – angeblich der G-Punkt des Mannes – braucht ihre Streicheleinheiten. Die kleine kastaniengroße Drüse liegt unterhalb der Blase, ihre Rückseite grenzt an den Enddarm. Meint: Der Weg dorthin führt über den Po. „Der Letzte, bei dem ich diesen Supertipp angewandt habe, ging wirklich – wie versprochen – an die Decke. Aber nicht weil er es so toll fand. Im Gegenteil. Er war nachher so verstört, dass erst gar nichts mehr ging und ich dann nie mehr etwas von ihm gehört habe“, so Cornelia. Klar braucht man hier und da vielleicht ein wenig Vertiefung im Neigungsfach ‚Sex‘. Dabei ist aber vor allem der gesunde Menschenverstand wärmstens zu empfehlen.

Vom Suchen und Finden

Manchmal sieht es auch in unseren Herzen aus, als würden wir unter einem schweren Messie-Syndrom leiden: Überall türmen sich Gedanken, Vorstellungen, Gewohnheiten, die bei näherer Betrachtung ihre beste Zeit längst hinter sich haben, die man nicht mehr braucht oder die einem ohnehin noch nie guttaten. Der Traumprinz etwa, diese übergroße Pappfigur, mal als Werbemittel für ein gelebtes Märchen gedacht, war eigentlich noch nie zu irgendwas nutze. Außer dazu, sich an ihr die Seele blutig zu stoßen und ganz manierlichen Kerlen den Lebensraum streitig zu machen. Dann die Idee, dass eine Frau unbedingt einen Ernährer braucht, eine starke Schulter. Die verstaubt da bestimmt schon seit 1978. Seit man damals auf der Suche nach einem verantwortungsbewussten Vater für die zukünftigen Kinder war. Mittlerweile sind die Kinder aus dem Haus – ebenso der Mann. Längst steht man finanziell auf eigenen Beinen, ist erfolgreich und könnte sehr gut mit weniger Versorgerqualitäten leben. Kurz: Man sollte das Alte dringend gegen ein neues, zeitgemäßes Beuteschema austauschen. Vorschlag: „Suche netten, klugen und lustigen Mann, der – wie ich – für sich selbst sorgen kann. “

Sogar an der Sache mit den Online-Partnervermittlungen nagt mittlerweile der Zahn der Zeit. Hat sich irgendwie nicht bewährt, das Bandeln ausgerechnet Leuten zu überlassen, die damit ihr Geld verdienen. Weil sich die digitale Suche zur analogen wie das Bild von einer Mahlzeit zu einem wirklichen Essen verhält. Sieht gut aus, aber das Wesentliche fehlt: Geruch, Geschmack, die Gesellschaft, mit der man am Tisch sitzt. Selbst das beste Foto gibt nicht wieder, wie wir uns bewegen, wie wir sprechen, den Kopf total süß schräg halten, wie wir lachen und auf den Lippen kauen, wenn es kompliziert wird. Und auch der andere bekommt nicht diese riesengroße Chance noch mehr zu sein als bloß ein Bild und ein paar Angaben zu Hobbys, Vorlieben, Einstellungen und ein total unvorteilhaftes Outfit. Was damit gemeint ist, habe ich bei einer Fahrt in der Frankfurter Straßenbahnlinie 17 erlebt. Da stiegen am späten Nachmittag eine Menge Angestellte ein. Darunter ein total unspektakulärer Mann mit Glatze. Wo immer er mir auch im Internet begegnet wäre, ich hätte ihn sofort aussortiert. Hier saß ich aber nun fünf Stationen hinter ihm und hörte zu, wie er sich mit einer Kollegin unterhielt. Er war gebildet, lustig, interessiert, aufmerksam. Alles Qualitäten, die sich in einem Online-Fragebogen niemals angemessen darstellen lassen.

Umgekehrt kann man wochenlang die herrlichste WhatsApp-Konversation mit einem wirklich vielversprechenden Kerl führen, den man auf einem der Portale kennengelernt hat. Man kann sein Foto großartig finden, seinen Humor hinreißend und sich erfolgreich einbilden, dass diesmal wirklich alles passt. Dann geht man zum ersten Date und sieht schon – kaum ist man im Restaurant – an irgendeiner kleinen Bewegung, daran, wie er lächelt, dass er vermutlich Stunden damit verbracht hat, seine Haare so zu legen, dass man die kahlen Stelle nicht sieht, oder Nägel kaut, als bräuchte er sonst nichts zu essen. Mit DEM wird es auf keinen Fall klappen. Dabei kann man noch froh sein, dass es den Typen wirklich gibt. „Ich habe ewig mit einem gechattet, telefoniert, gemailt, der gar nicht der war, für den er sich ausgegeben hatte", erzählt Marianne.

Und das ist nur eine von vielen Nieten, die man im Internet so ziehen kann. Wie natürlich auch im wirklichen Leben. Klar kann nur gelingen, was man auch versucht. Gerade deshalb sollte man die Hoffnung, die man auf Online-Portale setzt, nicht komplett entsorgen. Aber es lohnt sich, ihren Einfluss möglichst kleinzuhalten. Ganz egal, wie sehr die Partnersuchportale behaupten, dass sie besser wissen, wer zu uns passt. Ich kenne einige Paare, die würden es vermutlich nicht mal auf 25 Prozent Übereinstimmung bringen, und matchen dennoch ganz herrlich, leidenschaftlich und schon sehr lange. Im Internet muss es außerdem immer gleich ernst werden. Da ist die erste und oft letzte große Gemeinsamkeit, dass man auf der Suche ist und finden will. In der analogen Welt dagegen kann man sich ganz spielerisch einfach mal einen unverbindlichen Flirt leisten, erst mal nur das Interesse für moderne Kunst, fürs Joggen, Inlineskaten oder für gute Weine teilen. Erfahren, dass man wahrgenommen wird: als Mann, als Frau, als spannender Mensch. Einfach so, ohne nähere Angaben zu Einkommensstatus, Body-Mass-Index, Hobby und Bindungsfähigkeit. Spielt alles keine Rolle. Viel wichtiger ist ein Lachen, wie einer schauen kann und wie er zupackt, wenn wir den Pappprinzen und noch ein paar andere Flirtaltlasten ausmisten. Sätze wie diese nämlich:

„Vergiss es! Männer wollen doch sowieso nur sehr viel Jüngere."

Echt total gemein, wie Männer bei der Partnersuche bloß nach Jahrgang und BMI schauen, während wir Frauen großmütig praktisch jeden netten Typen in die engere Auswahl nehmen würden. Außer er hat einen Bauch, dafür kein Abitur, trägt Birkenstock und/oder Tennissocken, hat kein Geld, eine Glatze, ist unter 1,80 Meter. Meint: Frauen sind genauso gnadenlos. Dabei lohnt es sich, auch die genauer anzuschauen, die sonst durch unser Raster fallen.

„Suche einen Mann zum Aufblicken."

Spätestens ab 35 brauchen wir ganz sicher keinen mehr, der uns die Welt erklärt und die Konten führt. Sondern einen, der uns wertschätzt, liebt, bewundert – für das, was wir jetzt sind: erwachsene Frauen mit Erfahrung und eigenem Einkommen und wenig Bereitschaft, den Mann bloß dafür zu bestaunen, dass er atmet. Kurz: Hören wir endlich auf, wie ein Blümchen zu daten, das gepflückt werden will.

„Noch freie Männer sind sowieso gestört."

Dieser Satz ist ungefähr so zielführend, als würde man im Restaurant den Kellner bitten, auf das wirklich sehr lecker aussehende Essen zu spucken: Es macht die Sache mit der Suche schon im Ansatz ungenießbar. Und was sagt diese Behauptung über Frauen, die noch frei sind? Sind wir etwa auch alle gestört?

„Männer haben einfach Angst vor erwachsenen Frauen."
Kommt vor, ist aber kein Grund, tunlichst zu verschweigen, dass man seine Steuererklärung selbst macht, sogar Dreisatz kann und in der Lage ist, ohne eine Panikattacke eine Spinne an die frische Luft zu setzen. Im Gegenteil. Bevor man bei einem Hasenfuß und Emanzipations-Hypochonder landet, sollte man sich sogar dazu bekennen, einen Rasenmäher reparieren zu können.

„Ich brauche nicht rauszugehen. Ich suche im Internet – ist sowieso viel effizienter."
Klar: Es wäre so unwahrscheinlich wie eine Frau an der Spitze der katholischen Kirche, wenn sich bei so vielen Menschen, die sich in den Portalen tummeln, nicht auch dann und wann zwei finden würden. Einerseits. Andererseits verbringt ein Single auf der Suche im Durchschnitt fünf Stunden wöchentlich im Netz. Zeit, die er prima auch in Theater- und Museumsbesuche oder einen Spanischkurs investieren könnte. Mit mindestens ähnlich guten Chancen, die Liebe zu finden UND viel Spaß und Erkenntnisgewinn.

„Je mehr Übereinstimmungen, umso größer die Wahrscheinlichkeit, dass der Mann ins Leben passt."
Bloß weil zwei Tennis spielen oder Opern mögen, ergibt es noch kein hübsches Sümmchen Schmetterlinge im Bauch. Statt auf Matching-Points sollten wir lieber auf unser Herz hören. Und das sagt, dass es immer der ist, der eigentlich so gar nicht passt, weil er weder Tennis spielt noch in die Oper geht. Und dass man in der Liebe eigentlich nichts falsch machen kann. Außer sich von anderen einreden zu lassen, dass man die Liebe in ein Raster pressen kann.

„Am besten, man macht sich jünger und dünner, um nicht gleich in der geriatrischen Abteilung der Singlebörsen zu landen."

Es ist rein gar nichts gegen 40 oder 50 oder 60 oder 70 zu sagen. Ebenso wenig wie gegen Kleidergröße 42, 44, 46 usw. Wenn wir anfangen uns für unser Alter zu schämen, für unsere Figur, senden wir die völlig falschen Signale. Wir wollen doch jemand, für den das keine Rolle spielt.

Man ist immer
selbst für
sein Glück
verantwortlich.
Sogar mit Mann.

PIZZA SALAMI DER EMOTIONEN

Das ärmste Hasi von allen …

Manchmal muss ich mich selbst daran erinnern, wie lustig Martha sein kann, wie viel sie weiß, wie lange wir uns schon kennen und dass niemand ein so tolles Make-up auflegt wie sie, die Visagistin. Das brauche ich als Ausgleich für Abende wie gestern. Wenn sie mich einmal wieder in die Vergeblichkeiten ihres Lebens einweiht. Mir erklärt, weshalb sie einfach keinen Sport machen kann. Auch keinen Urlaub. Wieso sie ihre Küche zu nichts anderem nutzt, als Fertiggerichte aufzuwärmen. Nein, sie ist nicht behindert. Obwohl sie sich so fühlt. So ohne Mann. Martha findet, das sei ein wirklich großes Drama. Als Single, sagt sie, hat man einfach nicht dieselben Möglichkeiten, glücklich zu werden, schlank, erfolgreich wie Frauen mit Kerl. Ihre Freundin Eva zum Beispiel hat einen Mann UND ist gerade befördert worden. Martha findet das typisch. Jetzt ist die Abteilungsleiterin, UND sie hat einen Kerl. Martha würde auch gern noch mal beruflich vorankommen. Aber geht ja nicht. Es ist nämlich sehr viel einfacher, zu zweit erfolgreich zu sein. Ich sage, dass ich das gelegentlich auch schon ganz allein geschafft habe. Dass man meiner Erfahrung nach echt lange warten kann, bis ein Mann dasselbe will wie eine Frau. Zumal im Job. Dass man eigentlich immer für sein Glück selbst verantwortlich ist. Sogar mit Mann. Und dass Eva, die ich zufällig kenne, das offenbar genauso hält. „Aber er hat sie bestimmt unterstützt", meint Martha. Tja, allerdings weiß ich von Eva, dass sie sich schon mal beklagt hat, wie wenig ihr Mann Anteil nimmt an ihrem Beruf. „Ich könnte auch ein kleines Bordell betreiben. Das würde der gar nicht merken." Ich sage zu Martha: „Vielleicht täuschst du dich. Bloß weil man einen Mann hat, muss es einem doch nicht zwangsläufig gut gehen." Aber Martha möchte lieber das ärmste Hasi von allen sein. So wie Karla.

Karla hat sich vor einiger Zeit von unserem Frauen-Stammtisch verabschiedet, zu dem sich einmal im Monat etwa 15 Frauen treffen. Dauernd konnte sie nicht. Dann kam sie einfach überhaupt nicht mehr. Irgendwann habe ich sie zufällig auf der Straße getroffen und gefragt, wieso wir sie nie mehr sehen. Sie meinte, es würde bei ihr gerade beruflich nicht so doll laufen. Sie hätte deshalb einfach keine Lust, sich einen ganzen Abend lang die Erfolgsgeschichten der anderen anzuhören, denen es sicher so viel besser ginge als ihr. Ich antworte: „Zufällig weiß ich, dass eine gerade ihren Job aufgegeben hat, um ihren dementen Vater zu pflegen – allein – und dass eine andere derzeit die schmutzigste Scheidung seit Paul McCartney und Heather Mills erlebt. Und liegt der Sinn dieses Stammtisches nicht darin, schöne und traurige Momente – und auch Gefühle – auszutauschen? Auch ein ‚Das wird schon wieder'?" Aber nein, Karla mag nicht mit Menschen zusammen sein, die das unfaire Schicksal bevorzugt behandelt. Außerdem hätte die eine ja im Unterschied zu ihr einen wohlhabenden Vater. Und die andere Anspruch auf mindestens die Hälfte eines Reihenmittelhauses im Taunus. Und was hätte sie? Nichts! Ich frage – natürlich nur rein interessehalber –, was man aufbieten müsste, um bei ihr mithalten zu können: Krebs? Einen Wohnungsbrand? Sie findet mich mitleidslos. Aber das Kompliment kann ich zurückgeben: Ihr bleibt offenbar auch kaum Mitgefühl für andere über. So viel, wie sie für sich selbst verbraucht.

Meldeadresse Jammertal

Jammern ist so etwas wie die Pizza Salami der Emotionen: ungesund, ohne jegliche Nährstoffe, aber wahnsinnig verlockend. Mir jedenfalls fällt es selbst enorm schwer, die Finger davon zu lassen. Dazu lamentiere ich viel zu gern mit der Nachbarin über das Wetter (zu kalt, zu nass, zu heiß), den körperlichen Verfall (diese Schmerzen in den Knien!), die anderen Nachbarn (wieder hat jemand die Biotonne mit dem Restmüll verwechselt). Ich genieße das Gejammer mit Kolleginnen und Freundinnen über neue Falten, saumselige Paketboten, dass es wieder mal keinen Parkplatz gab und die Urlaubsflüge teurer geworden sind. Und über den zehn Jahre älteren Kerl auf Parship, der mich als nicht jung genug für sein Beuteschema bezeichnete, und natürlich weil die Welt sowieso insgesamt in einem absolut miserablen Zustand ist. Ja, das ist schön. Weil man sich so unter Leidensgenossinnen als ordentliches Mitglied der Beweinungsgruppe wunderbar aufgehoben und verstanden fühlen kann. Aber auch weil ständig ein kleiner (ehrlich gesagt nicht sehr sympathischer) Schicksals-Rechenschieber mitläuft: Geht's der anderen schlechter als mir? Oder besser? Weil sie einen Mann hat? Einen höher bezahlten Job? Eine günstigere Wohnung? Eine bessere Figur? Worüber will die sich beklagen? Darf die das überhaupt? Wer hat hier eigentlich mehr Bedauern verdient? Doch wohl ganz sicher ich! Mehr Mitleid bedeutet ja mehr Aufmerksamkeit, und es entlastet. Weil das Gute am Jammern ja ist, dass es einmal gar nichts Gutes zu geben braucht.

Jammern mit Freundinnen ist wie ein Bällebad aus lauter Zitronen, man wirft sich einfach gemeinsam mit Wonne rein, und keinesfalls darf eine sagen: „Jetzt mach halt gefälligst Zitronenlimonade, SOFORT!" oder „Reiß dich mal zusammen!" oder „Ehrlich, niemals ist das eine Lungenentzündung. Höchstens ein Schnupfen!" oder „Dann schmeiß ihn halt raus, wenn er dich so gar nicht versteht!" Es gilt vielmehr die Devise: Eins nach dem anderen. Oder auch: Erst kommt das Jammern und dann sehr lang nichts. Das ist schön. Aber auch ein Problem. Denn das Jammerthema verschwindet ja nicht. Im Gegenteil. Es wird immer größer, fetter, übermächtiger, je freigiebiger man es mit Aufmerksamkeit, Beachtung und Interesse füttert und sich somit für einen festen Wohnsitz im Jammertal qualifiziert. Zumal wir ja nicht nur mit anderen jammern, sondern auch und gerade allein. Stets läuft unser inneres Negativtonband in Endlosschleife. Ich jammere vor dem vollen Kleiderschrank, weil ich NICHTS, wirklich NICHTS anzuziehen habe. Ich jammere, weil ich drei Wurstbrote und sämtliche im Haus befindliche Müsliriegel essen MUSSTE (fünf!) oder weil es NATÜRLICH wieder meine Supermarktkasse ist, an der die Kassiererin gerade eingearbeitet wird. Das ist SOOOO UNFAIR. Ja, wir tun es dauernd. Wie atmen. Wer das nicht glaubt, dem sei ein einfaches Jammer-Tracking zu empfehlen. Das funktioniert ähnlich wie mit einem Schrittzähler. Bloß analog. Man nimmt sich einfach ein Gummiarmband und streift es jedes Mal auf das andere Handgelenk, sobald man sich wieder beim Jammern und Sich-selbst-Bemitleiden ertappt. Die Idee stammt vom amerikanischen Pastor Will Bowen, Autor des Buches ‚Einwandfrei. A Complaint Free World – Wie Sie aufhören, über Gott und die Welt zu klagen und stattdessen anfangen, wirklich das Leben zu genießen'. Ziel ist es, 21 Tage lang das Armband auf einer Seite zu tragen. Dafür brauche man Monate, sagt Pastor Bowen. Ich bin mir bereits nach einem Tag hektischen Hin- und Herwechselns zwischen links und rechts nicht sicher, ob das reichen wird.

Wir fahr'n, fahr'n, fahr'n auf der Frust-Autobahn

Ich überschlage mal eben: Wenn ich mich nur zwei Stunden am Tag damit beschäftige, mich vor mir und anderen zu beklagen – und die bekomme ich offenbar locker zusammen –, dann verbringe ich rein rechnerisch fünf Jahre meines Erwachsenenlebens freiwillig in denkbar schlechter Gesellschaft. Stets mit Gedanken daran, was wieder nicht geklappt hat, was mies gelaufen ist, was einen ärgert, was mir fehlt, das andere haben. Man könnte mich für Seniorennachmittage buchen, um Rentner davon zu überzeugen, dass mit Mitte 50 auch nicht alles besser war, damit wenigstens dieses Gejammer aufhört. Schon aus gesundheitlichen Gründen. Ich lese in einer amerikanischen Studie, dass das ewige Lamento unseren Stresslevel deutlich erhöht. Mit allen bekannten Konsequenzen: Bluthochdruck, Herzerkrankungen, Diabetes, FETTLEIBIGKEIT (vielleicht sollte ich nicht die Müsliriegel, sondern das Genörgel streichen?). Sogar Krankheitssymptome verstärken sich, je mehr ein Patient über sie klagt. Und dann verändert die dauernde Jammerei auch noch das Gehirn. Es gibt Studien, die zeigen, dass sie den Hippocampus schrumpfen lässt, den Teil des Gehirns, der unter anderem für unser Gedächtnis verantwortlich ist. Meint: Lamentieren macht vergesslich. Irgendwann wissen wir gar nicht mehr, was es eigentlich war, wofür es sich zu leben lohnt.

Zu guter Letzt sorgt das Gegreine auch noch dafür, dass in unserem Gehirn regelrechte Frust-Autobahnen angelegt werden. Es vernetzt die Neuronen so, dass wir irgendwann eine körpereigene Druckerei betreiben, die sich auf Einladungskarten für einen Special Guest – nämlich die Depression – spezialisiert hat. Denn der Job, über den wir uns dauernd beklagen, wird sich irgendwann tatsächlich genau so mies anfühlen, wie wir ihn immer machen. Die Beziehung so trostlos, wie wir darüber sprechen. Und die schlechte Stimmung färbt ab. Ein paar Stunden mit einem austrainierten Jammerlappen genügen. Irgendwann ist alles Zumutung, nervig, aussichtslos, und wir erkennen etwas Gutes nicht mal mehr dann, wenn es uns praktisch auf den Kopf fällt, so wie eben bei Martha. Wenn sie sich nicht gerade über die Männerlücke an ihrer Seite beklagt, dann über ihren Vermieter – der Ebenezer Scrooge des Frankfurter Immobilienmarktes. Standhaft verweigerte er ihr jahrelang neue Fußböden und Fenster. Regelmäßig beklagte sie sich zu Recht über die Eisblumen am Fenster – innen. Über den Teppichboden, den vermutlich noch Hannibal verlegt hatte, bevor er mit den Elefanten zum Trip über die Alpen aufgebrochen war. Bis es endlich doch passierte und sich Handwerker ankündigten.

Wir erfuhren davon, als sie mit einem Gesicht zum Freundinnenabend erschien, das auf eine Megakatastrophe in der Größenordnung von verstorbenen Haustieren schließen ließ. Als sie erzählte, dass sie in den nächsten Wochen sowohl einen Parkettboden als auch Isolierfenster bekommen sollte, und das sogar ohne Mieterhöhung, waren wir begeistert. Sie nicht: „Das wird doch der totale Stress. Wie soll ich denn das alles machen? Das wird Wochen dauern. Ich werde alle meine Möbel umstellen müssen. Das ist wie ein Umzug. Nur schlimmer." Annette, eine andere Freundin, sagte: „Aber freust du dich denn gar nicht? Das wolltest du doch immer? Bestimmt wird die Renovierung ziemlich belastend, aber am Ende wirst du endlich in deiner Traumwohnung leben!" Woraufhin Martha gar nichts mehr sagte. Bis wir zu zweit allein auf dem Weg zu unsern Autos waren. Da meinte Martha: „Also Annette hat ja auch gut reden. Die hat ja einen Mann."

Den kann man allerdings nicht zur Verantwortung dafür ziehen, dass Annette der unjammerigste Mensch ist, den ich kenne. Schuld seien ihre Eltern, meint sie. Egal ob sie mit Grippe, Röteln oder praktisch blind mit zwei komplett zugeschwollenen Augen (Bienenstichallergie!) im Bett lag. Stets befanden die Erziehungsberechtigten, dass das hier überhaupt nicht schlimm sei. Jedenfalls nicht schlimm genug, um sich für ein Extra-Eis, mehr Fernsehen oder eine neue Barbie zu qualifizieren. „Mir fehlte einfach der Resonanzboden fürs Gegreine. Auf dem Ohr waren beide stocktaub. Außer, es war etwas wirklich Ernstes. Da waren sie dann ganz auf meiner Seite und auch mal sehr fürsorglich." Deshalb glaubt sie heute: „Jammern heißt, Ausreden dafür zu erfinden, weshalb man nichts ändern braucht." Und dass sich nur zu beklagen bloß zu Lähmungserscheinungen führt. Sie jammert nicht nur nie. Sie sagt auch hammerharte Sätze wie „Wer jammert, hat noch Kapazitäten", und wenn wir gemeinsam laufen: „Wenn du genug Luft hast, dich zu beklagen, dann hast du auch noch Luft, weiterzumachen." Sie meint, die Energie, die man dafür aufbringt, seinen Ärger am Leben zu erhalten, um weiter darunter zu leiden, könnte man doch viel besser in Veränderung investieren. Und: „Ist euch eigentlich noch nie aufgefallen, dass Männern nie einfallen würde, eine Frust-Olympiade zu veranstalten … ‚Was, du hast beim Marathon geschwächelt? Das ist noch gar nichts, mein Chef stand gestern mit mir im Aufzug und wusste noch nicht mal meinen Namen!' Oder: ‚Ihr armen Hasis. Aber wisst ihr, was mir passiert ist: Beim ersten Date sagt mir doch die Tussi, dass ich ihr zu alt bin! Zu ALT – obwohl wir derselbe Jahrgang sind!' Oder: ‚Ich glaube, mein Penis ist zu klein!'" Stattdessen sagen sie: „Ich bin trotz einer fetten Erkältung beim Marathon angetreten, sonst wäre ich natürlich Bestzeit gelaufen." oder „Die war mir einfach zu alt – ich meine, die könnte die Mutter meiner Kinder sein und die studieren schon." oder „Als ich kürzlich zufällig unseren Vorstandsvorsitzenden im Aufzug traf, haben wir mal eben die Konzernfusion klargemacht." oder „Ich könnte ein Schweinekotelett zum Orgasmus bringen."

Born to jammer

Natürlich jammern auch Männer. Aber die meisten tun es irgendwie statusbewusster und stets so, dass ihr Heldenimage nicht leidet. Sie klagen über Verletzungen, die sie sich selbstredend bei sportlichen Höchstleistungen zugezogen haben (obwohl sie in Wahrheit bloß beim Bierholen umgeknickt sind), darüber, dass noch niemand gemerkt hat, welch genialen Beitrag sie zur Lösung des Nahostkonfliktes hätten. Sie klagen darüber, dass sie nicht genug verdienen. Obwohl sie bei gleicher Position und weniger Leistung ohnehin schon um die 20 Prozent über dem Einkommen ihrer Kollegin liegen, und sie greinen darüber, dass jetzt auch schon die Frauen in die Vorstände wollen, obwohl das doch überhaupt kein Platz für sie ist. Ewig dachte man, dass gerade in dieser postfaktischen Ignoranz der Tatsache, dass Männer auch nur Menschen sind, einer der Hauptgründe für ihr vergleichsweise frühes Ableben liegt. Weil sie einfach alles in sich reinfressen. Ihren Kummer eben nicht mitteilen und auch nicht ihre Schwächen. Weil Männer abends von einem Treffen mit ihrem besten Freund nach Hause kommen und auf die Frage: „Wie hat Klaus eigentlich seine Scheidung verkraftet?“ antworten: „Klaus ist geschieden?“ Weil sie so standhaft alles ignorieren, was nicht in ihr Selbstbild des unkaputtbaren Helden passt. Aber in Wahrheit könnte es ganz anders sein. Nämlich gar nicht so übel, das ein oder andere Problem entweder einfach auszublenden, beiseitezuschieben oder es einfach mal in Angriff zu nehmen. Auf Männerart eben. Das legt jedenfalls eine Studie aus den USA nahe.

Die Wissenschaftler um die Psychologin Amanda J. Rose von der University of Missouri in Columbia wollten eigentlich wissen, weshalb es Frauen leichter fällt als Männern, ihre Gefühle einem anderen Menschen anzuvertrauen. Sie waren auch davon ausgegangen, dass es diese typisch männliche Angst sein müsse, Schwäche zu zeigen. Das Ergebnis der Studie mit knapp 2000 Kindern: Jungs sehen Problemgespräche einfach nicht als besonders sinnvolle Aktivität an. Sie halten sie eher für Zeitverschwendung. Mädchen dagegen würden schon früh sehr viel häufiger mit ihren Freundinnen ihren Kummer teilen. Und darauf verstärkt mit Depressionen und Ängsten reagieren. Zumal wenn es sich um Probleme handelt, bei denen sie das Gefühl haben, sie nicht kontrollieren zu können. Ob wir deshalb ‚born to jammer' sind? Darüber kann man nur spekulieren. Möglich ist ja, dass man ein entsprechendes Verhalten bei Jungs nicht fördert und es auch in der Jungs-Clique als unerwünscht empfunden wird. Und man umgekehrt Mädchen zum Jammern erzieht, weil entschieden fordernde Frauen immer noch als ‚unweiblich' gelten. Was immer es ist, das den kleinen Unterschied verursacht, die Folgen sind einwandfrei belegt: Frauen sprechen tendenziell zu viel über ihre Probleme. Die Forscher empfahlen Eltern übrigens eine Art Mittelweg bei der Erziehung: Jungen täte es gut, wenn sie ab und zu wenigstens über einige Probleme sprächen und dies nicht als Zeitverschwendung empfänden. Mädchen dagegen redeten oft allzu ausführlich über ihre Schwierigkeiten; ihnen müsse nahegebracht werden, dass es auch andere Möglichkeiten der Problemlösungen gebe.

Ja, mancher Ärger ist unter dem Teppich sehr viel besser aufgehoben als an jedem anderen Ort. Lernt man das nicht, wird man nie irgendwas genießen können, weil man ja immer irgendwelche Probleme hat. Ohnehin haben es die meisten gar nicht verdient, so viel Energie in sie zu investieren. Und manchmal rächen sie sich sogar ganz böse dafür, wenn wir sie nicht in Ruhe lassen können. Wie bei Uschi, die seit ihrer Scheidung 1994 über einen notorischen Fremdgänger lamentiert, und dass Männern einfach nicht zu trauen ist. Um dann darüber zu jammern, dass sie keinen kennenlernt, der sie vom Gegenteil überzeugen will. Oder Gaby. Seit wir sie kennen, ärgert sie sich über ihren Mann. Er habe keinen Sinn für die Kunst – ihre eigentliche große Liebe –, sei ungebildet und desinteressiert, stoffelig, habe keinen Geschmack und sich vorschnell mit einem Dasein als Angestellter einer Versicherung zufriedengegeben. Dabei hatte sie so große Pläne für ihn, also für sich. Letzten Monat erfuhren wir dann, dass er sich getrennt hat, um zu einer anderen Frau zu ziehen. Einer, die nicht ständig darüber nölt, welche Zumutung er für sie ist. Jammern ist, als würde man über einem wahnsinnig leckeren Essen eine Dose Hundefutter ausleeren. Uns geht es schließlich überwiegend gut. Wir sind eigentlich gesund, und falls nicht, können wir auf Hilfe bauen. Wir sind in einem wohlhabenden Land geboren, in dem man sein Leben nach eigenen Wünschen gestalten kann. Unsere Kinder wachsen in Sicherheit auf und haben eine Perspektive. Wir müssen sie nicht allein über den halben Erdball schicken, damit wenigstens sie eine klitzekleine Chance haben. Und wir sitzen morgens friedlich an einem reich gedeckten Frühstückstisch und nicht in einem überfüllten Schlauchboot auf dem Mittelmeer mit nichts als Todesangst. Ja, wir könnten eigentlich dankbar sein. Und wir sollten es auch. Studien belegen, dass dankbare Menschen weniger unter gesundheitlichen Beschwerden leiden, optimistischer sind, resistenter gegen Stress und zuversichtlicher als die ewigen Nörgler, die hauptberuflich damit beschäftigt scheinen, noch in der schönsten Suppe ein Haar zu finden.

Die Schweinelenden-Konsequenz

Klar, das wird einem auch unter besten Bedingungen nicht immer leicht gemacht. Schließlich kann einem das Leben viele Schicksalsschläge zumuten, bei denen einem nichts ferner liegt, als auch noch dafür dankbar zu sein. Wenn man arbeitslos wird oder schwer krank, einen geliebten Menschen verliert und gar nicht weiß, wohin mit all der zentnerschweren Trauer. Dann sagt jemand, man könne doch dankbar sein, diesen Menschen überhaupt in seinem Leben gehabt zu haben – und man denkt, was das bloß für ein billiger Trost ist. Zu Recht. Wofür man dankbar sein kann und worüber man traurig sein muss, das hat man noch immer selbst zu entscheiden. Und manchmal braucht es eben auch einfach Zeit und Distanz, um zu erkennen, dass selbst im Schlechten etwas Gutes stecken kann. Ja, selbst in Peter, Willy, Marco und all den anderen Männer, die sich als so lausige Fehlinvestitionen von Liebe und Hoffnung entpuppt haben. Weil wir ihnen enorm wertvolles Wissen verdanken: welche Art Mann und Beziehung uns wirklich glücklich machen. Wir müssen auch mal scheitern und könnten, statt darüber zu klagen, dafür dankbar sein. Denn selbst da gewinnt man: an Erfahrung, an Weitsicht, an Stärke, Souveränität und Selbstvertrauen.

Ja, das ist nicht einfach. Bringt einen aber deutlich weiter als das ewige Lamento. Oder, wie es der britische Philosoph Francis Bacon einmal formulierte: „Nicht die Glücklichen sind dankbar, es sind die Dankbaren, die glücklich sind." Meint: Man kann sich entscheiden, öfter mal Danke nicht nur zu denken, sondern auch zu sagen. Anstatt sich dauernd selbst Entschuldigungsbriefe zu schreiben: „Leider kann ich wegen Jammeritis nicht am Glück teilnehmen." Wer sich dauernd vom Schicksal missachtet fühlt, der verbraucht ja außerdem sein ganzes Mitgefühl für sich allein, so dass für andere gar nichts mehr übrig bleibt. Nein, nicht der kleinste Krümel und oft selbst nicht für die, die wirklich richtig ernsthafte Sorgen haben. Weil sie krank sind, arm, weil sie alles verloren haben. Erstaunlicherweise jammern oft gerade die nicht, die wirklich allen Grund dafür hätten. Vielleicht, weil sie ahnen, das könnte sie nur noch mehr schwächen, und man ja weiß – so verdammt nahe am Abgrund schaut man besser nicht hinunter, sondern nach vorne.

Andererseits: Wenn ich nicht jammere, wie merkt mein Mann dann überhaupt, wie sehr ich mich im Haushalt für die Familie aufopfere? Der Chef, was ich da täglich für ihn leiste? Und die Kinder, was ich alles für sie tue? Ehrlich: Sie merken es sowieso nicht. Dauerquengeln ist wie ein Tinnitus. Unangenehm. Aber man gewöhnt sich dran. Hört irgendwann gar nicht mehr richtig hin. Nimmt die feinen Nuancen von „Ich bin die Einzige, die hier die Kaffeemaschine sauber macht!“ oder „Immer bleiben alle Überstunden an mir hängen!“ oder auch „Das ist SOOOO unfair, dass Frauen immer noch weniger verdienen als Männer!“ gar nicht mehr wahr. Es ist bloß ein Wortbrei aus „Warumhastdunichtniehastduniewillstduniemachenwir“. Jammern ist einfach das, was Frauen tun, weil sie dauernd unzufrieden sind. Ist was Hormonelles. Gibt ja zig Witze, die das bestätigen: Wir werden quasi serienmäßig vom Werk aus mit Dauerfrust geliefert, und man kann uns eh nichts recht machen. Weshalb man es im Umkehrschluss gar nicht erst zu versuchen braucht. Jammern bedeutet deshalb auch, dass etwas nicht von Bedeutung ist. Und es kann ja nicht wichtig sein, weil Frauen nur jammern und nicht die Scheidung einreichen, den Chef in die Zange nehmen, wegen der vielen Überstunden und der längst fälligen Gehaltserhöhung. Weil sie dem Pubertisten nicht einen Müllsack ins Zimmer stellen und sagen: „Wenn du nicht sofort aufräumst, wird dies das zukünftige zu Hause deiner Sachen sein. Beeil dich, die Müllabfuhr kommt in zwei Stunden.“ Und es natürlich vollkommen ernst meinen. Das wäre für alle sehr viel praktischer.

Das hat Katharina dank einer Schweinelende gelernt: „Es war Fußballweltmeisterschaft. Ich hatte meinem Mann versprochen, dass es abends Schweinelende gibt. Sein Lieblingsessen. Sehr nett von mir, weil ich das selbst gar nicht sonderlich mag. Mein Mann wollte sich nachmittags mit einem Freund beim Public Viewing das erste Spiel anschauen. Ich wusste, dass das bis sechs Uhr gehen sollte. Um acht war das Essen fertig: Schweinelendchen mit Kartoffeln aus dem Ofen und Brokkoli. Bloß mein Mann war nicht da. Auch nicht um neun Uhr. Um halb elf kam er total beschwingt nach Hause. Er hatte mit seinem Freund auch noch das zweite Spiel geschaut, ein paar Bier getrunken. Und nun hatte er Hunger. Pech für ihn. Das Essen war im Müll. Also die Reste. Ich hatte natürlich schon gegessen. Ich habe ihm weiter keine Szene gemacht. Bloß gesagt: ‚Du hättest ja auch anrufen können.'" Mehr nicht. Er war total von den Socken wegen Essen im Müll und so. Aber auch wegen meiner Konsequenz. Nichts von all dem Gerede vorher, dem jahrelangen Genöle wegen allem, was so im Zusammenleben anfällt, hat jemals einen solchen Eindruck hinterlassen wie die Schweinelende im Müll. Ich kann ihm jetzt richtig Angst machen. Kürzlich haben wir herumgealbert und darüber Witze gemacht, was wir bei einem Seitensprung des anderen tun würden. Ich habe gesagt: ‚Solltest du mich je betrügen, dann werde ich jede einzelne deiner 2000 Schallplatten zerbrechen, zerkratzen, mit dem Feuerzeug anfackeln. Und ich werde alle meine Freundinnen dazu einladen, damit wir zügig durchkommen.' Ich habe ihm angesehen, dass er sich da gar nicht sicher war, ob ich es nicht ernst meine. Das war schon ein gutes Gefühl."

Daran habe ich mir ein Beispiel genommen. Und an dem britischen Autor Stephen Fry, der einmal sagte: „Ich wollte immer ein Selbsthilfebuch herausgeben mit dem Versprechen ‚Wie man glücklich wird – 100-prozentige Erfolgsgarantie'. Dann würden diese Menschen dieses unglaubliche Buch kaufen, und es hätte nur leere Seiten. Bloß auf der Letzten stünde: ‚Hör auf, dich selbst zu bemitleiden – und du wirst glücklich sein.' Selbstmitleid zerstört Beziehungen, es zerstört alles, was gut ist, es erfüllt alle Prophezeiungen, die es macht." Natürlich werde ich weiterjammern. Ich meine, alles andere wäre ein wirklich zu harter Entzug. Aber ich werde es nur noch sonntags zwischen sieben und neun Uhr abends tun. Dazu esse ich eine Pizza Salami. Und ich rufe Martha an, um ihr zu sagen, dass ich ihr leider eine knallen muss, sollte sie mir noch jemals vorjammern, was sie wegen Männerlosigkeit alles nicht tun kann. Wir sollten nämlich etwas Besseres zu tun haben, als uns unser Leben unnötig und wegen Nichtigkeiten wie Männer, die nicht da sind, schwarzzumalen. Wir könnten zum Beispiel einfach mal ziemlich zufrieden sein. So zwischen neun und sieben Uhr hätte ich dafür nun Zeit.

Rein theoretisch

könnte man auch mit Vollmilch-Nussschokolade eine Diät machen.

Man darf dann halt bloß mehrmals am Tag daran lecken.

WENN ICH EINMAL SCHLANK WÄRE …

Bye-bye Diät-Illusion!

Seit etwa 1,5 Jahren bin ich mal wieder schlank. Jedenfalls für meine bescheidenen Verhältnisse und Ansprüche. Und was soll ich sagen: Alles ist fantastisch. Es ist ein ganz neues Leben. Die Welt zeigt sich begeistert, es hagelt Glückwünsche von allen Seiten, im Job läuft es hervorragend, die Männer können sich kaum mehr halten vor Begierde und Begeisterung, es regnet mental ständig rote Rosen – all meine Träume sind endlich wahr geworden. Das Leben ist geradezu vollkommen. Eine einzige große Offerte mit irrsinnigen Möglichkeiten. Ich schwebe auf rosaroten Wolken. Es ist perfekt. Schlicht und ergreifend: wunderbar.

Papperlapapp. Papperlapapp. Papperlapapp.

Aber genau so denken wir: Wir glauben, wenn wir erst mal schlank sind, wird das Glück tsunamiartig über uns hereinbrechen. Natürlich ist genau diese Verknüpfung ‚Schlank ist gleich glücklich' ein großer Trugschluss, der hartleibig wie eine Urzeit-Kakerlake jede Welle der Erkenntnis und Vernunft übersteht. Es ist wie in Stein gemeißelt: Wer schlank ist, ist glücklich oder hat zumindest eine unabdingbare Voraussetzung fürs große Glück.

Es gibt Dinge, wie Klamotten shoppen, die einfacher sind, wenn man schlank ist. Keine Frage. Aber dummerweise (und auch glücklicherweise) ist Schlanksein ganz sicher nicht allein seligmachend. Als Glücksgarant ist das Schlanksein sogar ziemlich untauglich und maßlos überbewertet. „Aber, aber“, wenden jetzt mit Sicherheit viele Frauen ein, „wenn ich schlank wäre, dann würde ich ausgehen, endlich einen Salsa-Kurs machen, dann würden mich die Männer wieder wahrnehmen, und ich könnte sogar mein T-Shirt in die Hose stecken. Ich könnte wieder an den Strand oder ins Schwimmbad, und alle würden mich bewundern. Für meine Willensstärke und meine Disziplin. Für meine schlanke Figur. Endlich hätte ich Selbstbewusstsein. Und wäre natürlich auch verdammt glücklich.“

Ich könnte, ich dürfte, ich wäre, das Schlanksein ist ein Hort der hoffnungsvollen Konjunktive. Der Mythos ‚schlank‘ eine Art Sammelcontainer für alle Lichtblicke am Horizont und herrlichsten Vorstellungen.

Das klingt zunächst mal alles sehr schön und erstrebenswert. Und sogar im Ansatz plausibel. Ist aber leider totaler Quatsch. Noch gibt es fürs Ausgehen keine Gewichtsbeschränkungen. Man wird vor dem Betreten eines Theaters oder einer Bar nicht gewogen und dann, ab einem gewissen Gewicht oder BMI nach Hause geschickt: „Sie wiegen 81,5 Kilo, da servieren wir keine Cocktails, und Sie dürfen hier aus ästhetischen Gründen auch nicht sitzen! Das möchten wir den schlanken Menschen nicht zumuten.“ Ausgehen kann man immer, man muss sich nur aufraffen. Natürlich ist es sehr viel bequemer, einfach gemütlich zu Hause zu bleiben. Nicht die Beine rasieren, nicht extra schick machen, einfach auf der Couch liegen und Spaghetti alla carbonara essen und das Gewicht zum Alleinschuldigen küren. „Ich würde ja gehen, aber ich bin einfach zu fett! So kann ich nicht raus. Ich hab auch gar nichts anzuziehen, und außerdem guckt mich ja eh keiner an.“ Ähnlich verhält es sich mit dem

Salsa-Kurs. Natürlich kann man Salsa auch mit Kleidergröße 44 tanzen. Auch mit 46 oder 48. Gespür für Musik und Bewegung hat nichts, aber rein gar nichts mit Gewicht zu tun. Ich zum Beispiel kann – egal mit welcher Kleidergröße – nicht tanzen. Nicht mit 36 und nicht mit 46.

„Aber die Männer, die wollen nun mal eine schlanke Frau!" Stimmt. Manche Männer wollen eine schlanke Frau. Aber ‚schlank' hat als Wunschkriterium bei den meisten Männern nicht die oberste Priorität. Laut einschlägiger Umfragen wollen Männer eine selbstbewusste Frau, gepflegt und natürlich. Sie wollen Anerkennung und Respekt, sie wollen gemeinsam lachen und genießen können. In keinem Suchprofil steht: „Auf keinen Fall interessiert mich eine Frau, deren Oberschenkel sich beim Gehen berühren!" Klar gibt es Männer, die auf sehr schlanke Frauen stehen, es gibt auch welche, die mögen lange Haare, große oder kleine Brüste. Aber mal ehrlich, und wenn schon. Wir haben ja auch Vorlieben. Uns gefällt ja selbst nicht jeder. Gleiches Recht demnach für alle. Würde es stimmen, dass schlanke Frauen weggehen wie warme Semmeln, dann gäbe es keine schlanken Singlefrauen. Gibt es aber zuhauf. Unglaublich schlanke und zudem noch gutaussehende Frauen. Ganz Hollywood ist voll davon. Es ist die Mischung, die Männern gefallen muss. Kein Mann hat je gesagt: „Alles war perfekt, aber ihre Rückenspeckfalte hat mich so abgetörnt, dass ich leider Nein sagen musste. Schade." Wenn es einen Mann stört, dass Sie Kleidergröße 46 tragen, ist er wahrscheinlich nicht der Richtige für Sie.

Ich bin in vielen Kleidergrößen zu Hause gewesen. Interessenten gab es immer. Unabhängig von der Klamottengröße. Meine Erfahrung: Was auf der Prioritätenliste von Männern ganz oben steht, ist ‚Sie soll entspannt sein!'. Das ewige Hadern mit irgendwelchen – oft vermeintlichen – Fettröllchen ist mit

Sicherheit nicht entspannt. Das Herumstochern in einem Salat ohne Dressing wirkt auch nicht besonders lässig. Männer mögen es laut Umfragen, wenn sich Frauen in ihrem Körper wohlfühlen. Ausstrahlung lautet ein Zauberwort. „Sie muss Ausstrahlung haben!" Ausstrahlung ist ein großes Wort, kann viel bedeuten, hat aber definitiv mit Körpergewicht so gar nichts zu tun. Zusammengefasst: Ja, es gibt Männer, die Moppelfrauen nicht mögen. Denen es nicht gefällt, wenn an einer Frau mehr dran ist. Diese Männer fallen also weg. Na und? Es gibt auch Männer, die keine Rothaarigen mögen. Oder keine über 40. Oder keine mit kleinen Brüsten. Oder mit falschen Brüsten ... oder ... oder ... oder ... Mir hat mal ein Mann gesagt, er hasse es, wenn die Mittelgelenke der Finger zu kräftig sind. Er könnte niemals mit einer solchen Frau zusammen sein. Natürlich ist das ziemlich gestört, aber wie schon erwähnt, beim Aussortiermodus schenken sich die Geschlechter nichts. Es gibt auch Frauen, die Männer wegschubsen, die das ‚falsche' Sternzeichen haben. Oder in FC-Bayern-Bettwäsche schlafen (ein einigermaßen verständliches Kriterium – jedenfalls für mich!).

Moppelfrau im Spaghetti-Top

„Aber wie kompliziert das auch mit den Klamotten ist. Nicht immer darüber nachdenken zu müssen, was am besten kaschiert; nicht auch noch im Sommer einen pobedeckenden Blazer tragen. Einfach in einen Laden gehen und was Nettes aussuchen. Nicht das nehmen müssen, was in der Größe da ist – das ist eine Form von Freiheit!", beklagen Frauen mit ein bisschen mehr auf den Rippen gerne. Es stimmt, man kann einfacher einkaufen, wenn man in eine handelsübliche schlanke Größe passt. Für mich der größte Vorteil am Schlanksein. Aber niemand hat ein Gesetz erlassen, in dem steht, dass man sein T-Shirt nicht in die Hose stecken darf, wenn man einen BMI über 25 hat. Niemand hat je per Dekret beschlossen, dass man seinen drallen Hintern verhängen muss. Es sind wir selbst, die das bestimmen. Weil wir unsicher sind in unserem Körper. Ihn nicht mögen. Ihn nicht zeigen wollen. „Wie kann die nur so rumlaufen!", sagen wir über andere Frauen, wenn eine Moppelfrau im Spaghetti-Top durch die Stadt läuft. Wir sind das Problem! Nicht der Speck. Wir könnten das Selbstbewusstsein solcher Frauen bewundern, aber nein, wir sind gehässig und giftig.

Deshalb müssen nicht die Pfunde weg, die wir glauben, alle mehr oder weniger zu viel auf den Hüften zu haben. Es gibt ein viel besseres Dopingmittel für unser Selbstbewusstsein, eines, das uns alle auf einen Schlag schöner, entspannter, anziehender macht: wenn wir aufhören, an anderen und ihren Körpern herumzukritisieren. Uns einfach nicht ständig gegenseitig bewerten und runtermachen. So gnadenlos wie Dieter Bohlen in der DSDS-Jury. Egal ob bei Facebook & Co oder im Alltag. Wie schön kann eine füllige Frau aussehen, die sich in ihrem Körper zu Hause fühlt. Wenn sie sich nicht selbst daran hindert.

Ich habe leider kein Foto für dich!

Ich kenne das Gefühl, im Sommer im Blazer dazusitzen, still vor mich hinzuschwitzen und zu beteuern, dass mir keinesfalls zu warm ist. Auch ich habe mich schwergetan, ärmellos vor die Haustür zu gehen. Mit meinen Armen? Die sind ja dicker als die Oberschenkel von dünnen Frauen, habe ich gedacht und jede Form von Tanktop aus dem Schrank verbannt. Habe mich unwohl gefühlt, befürchtet, dass jeder – und vor allem jede – hässliche Dinge denkt oder sogar sagt. Auch hier gilt: und wenn schon. Geguckt und getratscht wird immer.

Neulich habe ich folgenden Spruch gesehen: „Auch mollige Menschen dürfen kurze Sachen tragen, schließlich dürfen dumme Menschen auch reden." Vor allem eines muss man sich merken: Man ist sowieso nie für alle einfach nur richtig. Man ist nie so, dass alle zufrieden sind. Ich muss mir schlank mindestens so viel Kritik anhören wie moppelig. Man ist immer zu dünn oder zu dick. Zu muskulös oder zu schwabbelig. Oder zu schmal im Gesicht, zu verhärmt und faltig. Irgendwas ist immer. Weil es Facebook & Co möglich machen, dass jeder jeden wie einen Staubsauger oder ein Smartphone bewerten kann: „Ist mir jetzt doch zu dick!" – „Könnte ruhig noch vier Kilo abnehmen!" – „Die Frisur gefällt mir nicht." – „In dem Blazer sieht sie aus wie ihre Großmutter." Fehlt nur noch, dass wir unsere Nächsten bald einfach mit bis zu fünf Sternen klassifizieren können. Nach Benutzerfreundlichkeit: „Hat sich letzte Woche geweigert, mir den Wasserkasten in den fünften Stock zu tragen. Unter dem Vorwand an ‚Rücken' zu leiden. Kann von diesem Nachbarn nur dringend abraten!" Nach Verpackung: „Marion kam mit leichten Gebrauchsspuren zum Date. Offenbar handelte es sich nicht um Neuware, wie in der Anzeige versprochen. Ich habe sie wieder zurückgeschickt. Und mir das Nachfolgemodell aus dem Geburtsjahr 1988 bestellt."

Nein, man ist nicht aus dem Schneider, sollte man es je erreichen, sein Traumgewicht. Im Gegenteil. Ich habe mir, als ich schlanker wurde, sehr viel mehr Bösartiges anhören müssen als zuvor. Auch das sollte Ihnen klar sein: Es gibt immer Leute, denen nicht gefällt, was sie sehen. Wir werden nie jedem gefallen, und deshalb ist es auch müßig, dieses Ziel zu verfolgen. Oder wie es der portugiesische Autor José Micard Teixeira formuliert: „Ich habe für bestimmte Dinge nicht mehr die Geduld. Nicht weil ich arrogant geworden bin, sondern einfach weil ich einen Punkt in meinem Leben erreicht habe, wo ich keine Zeit mehr vergeuden möchte mit Dingen, die mir missfallen oder weh tun. Ich habe keine Geduld mehr für Zynismus, übertriebene Kritik und Forderungen jeglicher Art. Ich unternehme keine Anstrengungen mehr, denjenigen zu gefallen, die mich nicht mögen, die zu lieben, die mich ablehnen, und jenen zuzulächeln, die mir niemals ein Lachen schenken."

Glück hat keine Konfektionsgröße

Dürften nur Menschen mit sogenannten Idealmaßen an den Strand oder ins Schwimmbad, wäre es selbst im Hochsommer auf Mallorca verdammt leer und einsamer als am Nordpol. Gerade ein kleiner Strandausflug oder auch ein Saunabesuch kann, was Figurbedenken angeht, sehr heilsam sein. Immer dort, wo sich Menschen leicht bekleidet zeigen, sieht man, wie groß Gottes Garten ist und dass es sehr viel mehr Menschen mit Kleidergröße 44 als mit Kleidergröße 34 gibt. Und dass die mit der 44 nicht etwa so aussehen, als würden sie den ganzen Tag heulen – und die mit der 34 nicht mit einem Dauergrinsen durchs Leben laufen. Das entlastet und entspannt. Die perfekte Figur ist selten, und sie wird auch nicht serienmäßig mit Erfüllung und Glück ausgeliefert.

Gerade bei dem Thema gilt: Oft ist alles anders, als es scheint. Es gibt, das habe ich im Laufe der Jahre gelernt, verdammt fitte Moppel und sehr unsportliche Dünne. Trotzdem gelten die Fülligen in unserer Wahrnehmung oft als undiszipliniert und Dünne als willensstark. Aber nur weil jemand gerne auch mal viel isst, ist er nicht automatisch faul. Manchmal hat Essen einen hochemotionalen Stellenwert. Bietet Sicherheit, Trost, ist so etwas wie der letzte Anker in einem beängstigenden Leben. Manche Menschen haben einfach andere Prioritäten. Sie wollen sich bewusst nicht für eine kleinere Kleidergröße kasteien. Es ist ihnen die Sache nicht wert, ohne Abendbrot ins Bett zu gehen oder Nudeln nur noch an hohen Feiertagen zu sich zu nehmen. Ihre Währung ist nicht das Schlanksein. Moppelig und glücklich zu sein ist kein Gegensatz. Glück hat keine Konfektionsgröße. „Es stört mich auch gar nicht so, aber es ist halt gesünder, schlank zu sein!“, jammern manche. Das kann stimmen. Wenn man ohne Schnappatmung nicht mehr den zweiten Stock eines Altbaus erklimmen kann, wenn Blutwerte schwächeln und man nah am Diabetes ist, sollte man abnehmen. Einfach um länger und besser zu leben. Auch die Gelenke freuen sich. Und erst der Blutdruck. Die Knie jubilieren über jedes verlorene Kilo. Aber schlank heißt nicht gleich gesund: Was die Lebenserwartung angeht, liegen nicht die Superdünnen, sondern Menschen mit einem leicht erhöhten BMI ganz vorn. Warum das so ist, darüber streitet die Wissenschaft, aber es hat als Botschaft etwas Tröstliches. Wie vieles im Leben ist eine Mischkalkulation das Optimum. Wenn das Gewicht die Gesundheit beeinträchtigt, sollte man handeln. Unbedingt. Alles andere ist schlicht Geschmacks- und Privatsache. „Ich wäre ja so gern schlank, ich habe schon alles probiert, bei mir funktioniert nichts!“, stöhnen jetzt vermutlich manche Frauen. Auch diese Aussage kann weg. Jeder kann abnehmen. Jeder kann Gewicht verlieren. Aber es ist entgegen anderslautenden Gerüchten nicht leicht, und es passiert nicht über Nacht. (Ich weiß: schade, sehr schade!)

Diäten und andere Zumutungen

Sie werden mich hassen. Aber ich sag's trotzdem: Abspecken ist mühsam, kein Spaß, und es hat mit Entbehrung zu tun. Wunder gibt es an der Diätfront leider keine. Niemand verliert in einer Woche zehn Kilo Fett. Nicht mal fünf. Und nein, nur weil man ‚60 Tage lang dieses Obst isst‘, haben wir keinen flacheren Bauch, und es stimmt auch nicht, dass man einfach so ‚nebenbei‘ mal eben ‚mehrere Kilo‘ abnehmen kann. Natürlich wollen wir diese Heilsversprechen der Frauenzeitschriften und Ratgeber gerne glauben, es wäre ja auch so viel schöner, aber eigentlich wissen wir alle längst Bescheid. Es geht nicht schnell. Es ist nicht lustig. Es dauert. Verzicht ist der treue Begleiter einer jeden Diät. Egal welch hübsche Namen man sich dafür ausdenkt und wie cool die klingen.

Was glauben Sie, warum es quasi über Nacht so viele Veganer gibt? Sind das alles empathische Tierschützer? Menschen mit enorm ausgeprägtem Gewissen? Menschen, die eines Tages beim Anblick eines Wiener Schnitzels in Tränen ausgebrochen sind und beschlossen haben, nie mehr etwas Tierisches zu essen? Sind das vor allem Menschen, denen Gesundheit irre wichtig ist? Die mit ihrem Essverhalten etwas zu einer besseren Welt beitragen wollen? Es gibt diese Menschen. Und das ist gut und schön. Ich wage aber die Behauptung, dass viele Veganer vegan leben, um dünn zu werden oder zu bleiben. Attila Hildmann, der große Vegan-Guru, hat mit seiner Ernährungsumstellung auf vegane Kost etwa 30 Kilo verloren. Das ist beeindruckend und sicher für viele auch ein Ansporn gewesen, zum Veganismus zu wechseln (neben der Rettung der Tiere, dem Protest gegen die Massentierhaltung und überhaupt aus ethischen Gründen selbstverständlich).

Der Vorteil, wenn man versucht, so abzunehmen: Man muss sich nicht oder wenn, dann anders rechtfertigen. Macht man eine Diät, wird einem ‚nur ein klitzekleines Frikadellchen‘ oder eine winzige Portion Bolognese aufgedrängt. Bei einer veganen Ernährung ist das nicht so. Man folgt einer Mission. Man is(s)t auf der guten Seite. Man macht keine Diät. Man hat eine Haltung. Es geht nicht um den stromlinienförmigen Körper. Nicht um schnöde Dinge wie die oft zitierte Bikinifigur.

Okay, auch jemand, der sich vegan ernährt, bekommt sehr viel zu hören, muss sich dauernd rechtfertigen. Keine Frage. Aber da geht es um Gesinnung und nicht um die pure Eitelkeit, und das lässt sich sehr viel besser verkaufen. Übrigens: Eine vegane Ernährung allein macht noch lange nicht schlank. Es gibt jede Menge veganer Gerichte, die hochkalorisch und nicht besonders gesund sind. Meine Freundin war auf einer veganen Kreuzfahrt und umgeben von einer Menge ziemlich moppeliger Veganer. Auch hier muss man sich also disziplinieren und kann nicht Tonnen von veganem Pudding und tütenweise sehr gesunde Nüsse in sich reinstopfen – und glauben, damit würde man ratzfatz sehr schlank. Außerdem ist man gezwungen, auf ausreichend Nährstoffe und genügend Vitamine zu achten. Etwa auf die Zufuhr von Vitamin B_{12}. Vitamin B_{12} kommt fast ausschließlich in tierischen Lebensmitteln vor: in Fisch, Fleisch und Milchprodukten. Fehlt dem Körper B_{12}, drohen vielfältige und schwerwiegende neurologische und psychiatrische Symptome – vom Kribbeln in den Fingerspitzen bis hin zur Demenz.

Es gibt noch ein weiteres Synonym für ‚Diät' und das ist die ‚Intoleranz'. Immer mehr Menschen sind mittlerweile sogenannte Ohne-Esser. Das heißt, sie ernähren sich gluten- und laktosefrei. Ohne auch nur den Hauch eines medizinischen Befundes zu haben. Und wie leicht kann man den Brotkorb ablehnen und den Teller Spaghetti ausschlagen, wenn man eine Unverträglichkeit vorschiebt. Eine perfekte Ausrede. Damit wir uns nicht missverstehen: Ich weiß, dass es einige Menschen gibt, die tatsächlich sehr auf ihre Nahrungsmittel achten müssen. Studien lassen allerdings keine Zweifel daran, dass 82 Prozent der Käufer laktosefreier Produkte Milchzucker sehr gut vertragen. Und höchstens ein Prozent der Deutschen leidet tatsächlich unter Glutenunverträglichkeit, obwohl neun Prozent sagen, dass sie das Getreideprotein Gluten teilweise oder ganz meiden. Ganz ähnlich sieht es bei der Histamin-Intoleranz aus. Das ist für alle echten Intoleranten verstörend und auch ein bisschen bekloppt, sich eine Unverträglichkeit zuzulegen, um die strenge Kontrolle der Ernährung zu rechtfertigen. Am Ende hat schließlich auch das eben mit Verzicht zu tun. Manchmal mit Verzicht auf Vernunft und immer mit Verzicht auf ziemlich viele leckere Sachen. Kurz: Wir sollten uns dringend von der Vorstellung verabschieden, dass man Gewicht verlieren kann, ohne zu verzichten. Nicht nur wegen all der Enttäuschungen, die damit einhergehen. Auch weil es wahnsinnig teuer ist, sich diesbezüglich immer wieder neue Illusionen machen zu lassen. Oder irrsinnig aufwendig. So wie der neueste Trend: Zuckerverzicht. Naive Menschen denken, na gut, da lasse ich Süßigkeiten weg – und fertig. Von wegen. Wer zuckerfrei leben will, wird sich ganz schön umschauen. Überall ist Zucker drin. In Brot, in Ketchup, in so gut wie allen industriell gefertigten Produkten. Zucker verbirgt sich hinter vielen Namen und tarnt sich gerne. In Müsli, in Getränken, selbst in kleinen Gewürzgürkchen. Zuckerfrei zu leben bedeutet auf Fertigprodukte verzichten. Wer ganz streng ist, muss auch Obst aus dem Speiseplan streichen. Auch hier also: Verzicht.

Sonntagsspaziergänge

Das ist doch keine Diät, sondern eine Ernährungsumstellung. Das propagieren Vertreter diverser asketischer Ernährungsweisen. Kein Zucker, keine tierischen Produkte, kaum Kohlenhydrate, kaum Fett. Aber alle diese Ernährungsumstellungen haben, da muss ich mich jetzt leider wiederholen, Verzicht im Programm. Man muss sich einschränken. Vielleicht heißt es anders, aber es fühlt sich – jedenfalls bei mir – genauso entbehrungsreich an. Natürlich ist Verzicht auch Geschmackssache. Manchen fällt es leicht, Kohlenhydrate aus dem Leben weitgehend zu verbannen. Manche können sehr gut ohne Fleisch leben. Trotzdem: Der Verzicht bleibt. Sicher gibt es Diäten, bei denen man einigermaßen satt wird. Natürlich kann auch ein großer Salat mit Lachs das zufriedenstellend erledigen. Aber zu wissen, es gibt ab sechs Uhr abends keine Kohlenhydrate mehr, ist eine Herausforderung. Nie begehrt man ein Stückchen Brot, einen winzigen Teller Pasta oder ein Kartöffelchen mehr als dann, wenn man es nicht essen darf. Verbote befeuern Begierden.

Nein, es gibt keine rasante Gewichtsabnahme ohne großen Aufwand. Außer man ist sehr krank. Und aller Voraussicht nach wird es auch in Zukunft keine Abkürzung zwischen mir und meiner Idealfigur geben. Das ist die schlechte UND die gute Nachricht. Denn es spart uns eine Menge Geld und Enttäuschungen, wenn wir uns klarmachen, dass Abnehmen kein Sonntagsspaziergang ist. Und die Formel immer dieselbe bleibt: Man muss weniger zu sich nehmen als man verbraucht. Sagen wir mal, Ihr Stoffwechsel braucht am Tag etwa 1800 Kalorien, um zu funktionieren. Wenn Sie jetzt nur 1000 Kalorien zu sich nehmen, sind Sie mit 800 in den Miesen. Machen Sie das zwei Wochen lang, dann kommen Sie auf 11.200 Minus-Kalorien. Um ein Kilo Fett zu verlieren, muss der Körper etwa 7000 Kalorien einsparen. Sie hätten also 1,6 Kilo verloren. Das klingt nicht nach wahnsinnig viel, und – obwohl Sie sich zwei Wochen diszipliniert haben – niemand wird auf der Straße stehen bleiben und Sie auf Ihren irrsinnigen Gewichtsverlust ansprechen. Das ist, das gebe ich gerne zu, ein wenig desillusionierend. Aber es entspricht leider den Tatsachen.

Und noch eine traurige Nachricht: Der Körper baut gerne mal Muskulatur ab, um an Energie zu kommen. Er braucht zum Funktionieren Energie, und er holt sie sich. Egal woher. Da ist der Körper nicht besonders wählerisch. Verständlicherweise. Schließlich ist Energie für den Körper lebensnotwendig. Dass Sie Ihre Muskeln benötigen, muss der Körper merken. Wenn man Muskulatur benutzt, sagt sich der Körper: „Upps, die kann ich ja gar nicht zur Energiegewinnung nehmen, die scheint sie zu brauchen“, und wird deshalb an andere Reserven gehen. Aus diesem Grund ist Sport nützlich, wenn man abnehmen will. Davon abgesehen, verbraucht man mit Bewegung mehr Kalorien und kann also auch mehr essen – oder nimmt schneller ab.

Stoffwechsel im Chill-Modus

Wie viel und wie schnell genau man abspeckt, hängt von vielen Faktoren ab. Davon, ob man ein Mann oder eine Frau ist, wie gut der Stoffwechsel funktioniert ... und ... und ... und. Männer nehmen bei gleicher Nahrungszufuhr und Diät schneller ab als Frauen. Gerecht ist das nicht, ich weiß. Aber sie haben nun mal mehr Muskulatur, und die erleichtert alles. Allgemeingültige Angaben, die auf alle passen, gibt es nicht. Ein Kernpunkt ist auf jeden Fall der Stoffwechsel. Leider ist er kein fairer Zeitgenosse. Je älter man wird, umso mehr denkt auch der Stoffwechsel an Rente. Ein junger Mensch verbraucht mehr Kalorien als ein älterer. Ein Mann mehr als eine Frau. Und die Hormone arbeiten ebenfalls nicht unbedingt für uns Frauen. Gemein, aber immerhin kann man den Stoffwechsel auch ein wenig pushen. Ihn motivieren, nötigen oder sogar zwingen, sich aus seinem Chill-Modus herauszubewegen und ein paar Kalorien mehr zu verbrennen. Aber auch das geht nicht, während man auf dem Sofa liegt und ‚Das perfekte Dinner' guckt. Nicht mal bei ‚The Biggest Loser' nimmt man ab. Jedenfalls nicht beim Zuschauen.

Bewegung ist der Schlüssel, um den Stoffwechsel anzuregen. Ich rede hier nicht vom Ironman oder einem Marathon. Man muss nicht ganz oben einsteigen, man kann auch als unsportlicher Mensch Bewegung ins Leben bringen. Damit wir uns nicht missverstehen: Ernährung, also weniger zu sich nehmen als man verbraucht, ist der Schlüssel. Von einem flotten Spaziergang zweimal die Woche um den Block wird man nicht schlank. Vor allem nicht, wenn man sich danach mit einer schönen Bratwurst belohnt. Oder einem Stück Frankfurter Kranz. Oder einem pappigen Eiweißriegel. Die meisten Experten glauben an die 80:20-Regel. 80 Prozent des Diäterfolges macht das Essen (oder vor allem das ‚Nichtessen') aus, 20 Prozent der Sport. Bei Sport runzeln viele sofort die Stirn: „Ich mag keinen Sport, ich bin zu fett für Sport, ich habe keine Zeit, noch nicht das Richtige gefunden, es macht mir einfach keinen Spaß, meine Oma ist doch auch 101 geworden ohne eine Mitgliedschaft im Fitnessstudio …" – es gibt unglaublich viele Ausreden, sich nicht zu bewegen.

Aber stellen wir uns nur mal vor, Brad Pitt (frisch geschieden) würde morgens um sechs unten auf uns warten, um uns beim Joggen zu begleiten. Ja, da geht dann plötzlich doch etwas. Sport sollte dringend in den Wochenplan aufgenommen werden. Sie haben ja jetzt Platz, weil Sie die Diät-Illusionen auf den Sondermüll geschmissen haben. Bewegung ist einfach das Gesündestes, was es gibt. Nichts hellt außerdem so zuverlässig die Stimmung auf, und kaum etwas ist so einfach. Sie müssen sich nicht mal in einem Fitnessstudio oder im Verein anmelden, Sie können auch einfach gehen. Um den Block. Zum Supermarkt. Zur Arbeit. Jeder verdammte Schritt zählt. Jede Treppe. Obwohl Statistiken behaupten, Schrittzähler-Apps oder Uhren, die das können, würden nichts bringen, glaube ich, dass es nützlich sein kann, ein solches Tool zu besitzen. Man sieht einfach mal, wie viel man geht. Und vor allem auch, wie wenig. Man kann sich Ziele setzen. Man kann sich selbst herausfordern.

Ja, aber wie nehme ich denn jetzt ab? Soll ich abends nichts mehr essen oder dieses intermittierende Fasten probieren oder lieber nie mehr Kohlenhydrate oder kein Fleisch, oder was?

Auf die harte Tour

Laut Studienlage ist es günstig, nicht zu viele Mahlzeiten zu sich zu nehmen. Also nicht ständig zu essen. Lieber dreimal am Tag und dazwischen – nichts. Das hält den Blutzuckerspiegel in Balance. Aber selbst mit fünf Mahlzeiten täglich nimmt man ab. Stets gilt: Weniger Kalorien aufnehmen als man verbraucht. Rein theoretisch könnte man auch mit Vollmilch-Nussschokolade eine Diät machen. Man kann dann halt bloß mehrmals am

Tag dran lecken. Will man trotz Kaloriensparzwang ordentlich etwas auf dem Teller haben, landet man aber sowieso früher oder später immer bei den sogenannten ‚gesunden' Lebensmitteln. Obst, Gemüse, Jogurt, Quark, Fisch & Co. Ob der Körper mehr Fett verbrennt, wenn man abends nichts mehr isst, oder ob dem Körper das piepegal ist, darüber streiten Wissenschaftler. Eines ist jedenfalls sicher: Alkohol ist beim Abnehmen dummerweise eher hinderlich. Alkohol hat relativ viel ‚wertlose' Kalorien, macht hungrig und hemmt die Fettverbrennung. Man kann sich die trostlose Diätzeit also nicht mal schöntrinken.

Letztlich wissen wir alle genau Bescheid. Niemand ist mehr unglaublich überrascht, wenn man erklärt, dass eine Currywurst mit Pommes rot-weiß mehr Kalorien hat als eine riesige Schale Himbeeren. Trotz allem ist es nützlich, mal genau hinzuschauen. Ich weiß das nur zu gut. Hier eine kleine Laugenbretzel, da ein Stückchen Käse und dann die winzige Handvoll Gummibärchen. Schließlich noch ein Apfel, ein Müsliriegel im Auto, ein kleiner Rest Grießbrei oder die Nudeln vom Vorabend. „Ich esse nichts und nehme nicht ab!", behaupten viele Leute. Auch die, die vor einiger Zeit an einer britischen Fernsehdokumentation teilnahmen. Die Kandidaten – recht üppig – hatten vorher versichert, sie würden praktisch nichts essen. Um diesem Mysterium auf den Grund zu gehen, willigten sie ein, dass man sie daheim rund um die Uhr mit einer Kamera beobachtete. Tagsüber stimmte auch, was sie behauptet hatten, dass sie eigentlich ganz normal aßen. Bloß abends ging es los – als würde der große Kaloriengott da schlafen, wurde ordentlich zugelangt. Da zeichnete die Kamera auf, wie ganze Tüten Chips, Pizzen und Schokolade vor dem Fernseher verzehrt wurden und manche nachts so oft zum Kühlschrank gingen, dass man schon Spurrillen im Küchenboden erkennen konnte.

Es läppert sich halt. Wenn man jeden noch so kleinen Happen aufschreibt und mal addiert, was da im Laufe des Tages zusammenkommt, ist man oft sehr erstaunt oder besser gesagt schockiert. Wir neigen leider zum Selbstbetrug. Wir sind dazu geschaffen, uns die Welt zu machen, wie sie uns gefällt. Kalorien-Kalkulationen inbegriffen. Ein riesiges Stück Lachs ist zwar voll mit herrlichen Omega-3-Fettsäuren, aber mit durchschnittlich 180 Kalorien pro 100 Gramm auch nicht gerade ein kalorisches Leichtgewicht. Und wer isst schon 100 Gramm Lachs? So kann selbst ein riesiger Salat mit Lachs, Avocado, ein paar Nüsschen und Dressing eine wahnsinnige Kalorienbombe sein. Wer abnehmen will, muss hinschauen. Auf den Teller. Auf den Snack. Auf den Rest von der Torte von gestern, die irgendwie doch nicht so lange im Kühlschrank blieb wie erhofft.

Auch wenn wir es nicht gerne hören: Wer nicht abnimmt, der isst zu viel oder trinkt zu viel. Oder beides. So einfach und so grausam ist das. Sagen wir also goodbye zu all den Ausreden und Entschuldigungen rund ums Abnehmen. Nehmen wir uns vor, keinem mehr zu glauben, der da behauptet, eine Diät sei ein so großer Spaß, dass dafür eigentlich Vergnügungssteuer erhoben werden müsste. Natürlich versucht man, uns das anders zu verkaufen. Einmal weil das – zugegeben – eine ziemlich trostlose Botschaft ist. Und zum anderen Diäten eben auch ein Geschäft sind. Ein sehr großes sogar! Allein 166 Millionen Euro gaben die Menschen laut Marktforschungsinstitut IMS Health hierzulande im vergangenen Jahr für Abnehmprodukte wie Pillen und Pülverchen aus.

Die Fettzelle und andere miese Charaktere

Klar gibt es Unterschiede. Manche Menschen haben kein Problem damit, auf feste Nahrung zu verzichten und dreimal am Tag einen Becher Eiweißshake zu trinken. Für mich wäre das die Höchststrafe. Mich würgt es schon bei dem Gedanken an die Pampe. Andere können nicht ohne Kohlenhydrate, wieder andere lieben Fleisch. Manche müssen häufig essen, andere kommen besser zurecht, wenn sie zwei große Mahlzeiten bekommen. Diäten sind etwas sehr Individuelles. Schon deshalb gibt es die eine für alle nicht, Patentrezepte funktionieren auf diesem Sektor gar nicht. Damit man die mühselige Diät schafft, muss man die für sich erträglichste Verzichtsvariante finden. Ich brauche kein Frühstück, mich interessiert das Abendessen. Andere können darauf bestens verzichten, für sie ist aber ein Tag ohne Frühstück unvorstellbar. Jeder muss sich seine Diät selbst basteln. Möglichst gesund (wegen all der schönen Nährstoffe, nach denen unser Körper verlangt und die er braucht) und möglichst lecker (soweit das bei einer Diät geht). Ich zum Beispiel esse gerne viel, deshalb halte ich mich an Nahrungsmittel mit wenigen Kalorien. Mir ist ein riesiger Salat lieber als ein kleines Tellerchen mit sämigem Risotto. Ich esse Berge von Quark mit Obst und bin relativ zufrieden. Mir schmeckt das. Für wahre Feinschmecker sieht das sicher anders aus. Aber auch mit Klasse statt Masse kann man abspecken. Nur immer daran denken: Die Kalorien sind es. Das, was abends auf der Haben- und der Sollseite steht, zählt.

„Aber man darf ja auf keinen Fall schnell abnehmen, dann kommt der Jojo-Effekt, und man hat ratzfatz alles wieder drauf", heißt es da oft. Darüber gibt es unterschiedliche Meinungen bei den Ernährungswissenschaftlern. Ob es sinnvoller ist, schnell oder langsam abzunehmen, ist ein bisschen auch Typsache. Ich habe danach immer wieder zugenommen, wenn ich zu viel gegessen habe – egal wie langsam ich zuvor abgenommen hatte. Wie gesagt: Man nimmt zu, wenn man mehr zu sich nimmt, als man verbraucht. Oft dann, wenn der ‚Belohnungseffekt' zuschlägt. Man denkt, dass man sich nach all dem Darben jetzt aber wirklich eine ordentliche Mahlzeit verdient hat. Oder auch zwei oder gleich mehrere. Und dann isst man. Endlich mal wieder eine herrlich knusprige Ente mit

Rotkohl und Klößen, und schon schlägt die große Stunde der Fettzellen. Diese kleinen Fieslinge lauern zwangsgeschrumpft und rachsüchtig auf jede Leckerei. Sie nutzen jede Chance und jede einzelne Kalorie, um wieder zu Hochform aufzulaufen. Schlank bleiben wollen heißt achtsam bleiben. Die Kalorien im Auge behalten. Es geht nicht darum, sich einmal ein paar Wochen lang zu disziplinieren, man muss immer dranbleiben. Also nicht mit dem Rad den Berg rauf und zur Belohnung nur noch runterrollen. Wer sehr schlank bleiben will, der muss einfach immerzu strampeln. Oder man entspannt sich und hält das Gewicht in einem für sich gesundheitlich akzeptablen Rahmen. Dann kann man einfach sagen: „Ich fühle mich wohl so." Und: „Bitte noch eine Portion Eis mit Sahne!" Und: „Denk an all die Frauen auf der Titanic, die den Dessertwagen unangetastet vorbeiziehen ließen!"

Die Bikini-Brücke und andere bizarre Must-haves

Die Ansprüche wachsen, und es gibt quasi täglich neue Herausforderungen. Auch und gerade für den Frauenkörper. Früher wollte man einfach nur eine gute Figur haben. Was das so ganz genau war, darüber gab es unterschiedliche Meinungen und damit einen Hauch von Freiheit. Heute reicht das schon lange nicht mehr. Schlank sein ist schon ganz gut, aber erstrebenswert ist das Neue ‚strong schlank'. Demnach sollte man sehr schlank, aber nicht dünn sein, dazu durchtrainiert und athletisch, ohne aber auszusehen wie eine Bodybuilderin aus den 80er-Jahren. Bitte weiblich mit Formen und Bauchmuskeln. Eine verdammt schwierige Kombi, denn Bauchmuskeln kommen nur zur Geltung, wenn der Körperfettanteil fast nicht mehr messbar ist. Dann sind dummerweise aber auch die Brüste weg.

Nur eine Unmöglichkeit von vielen, die an Frauen quasi im wöchentlichen Wechsel herangetragen werden. Heutzutage gibt es immer wieder neue ‚Challenges' (Herausforderungen), die im Internet kursieren und sogar genau so genannt werden. Ein inzwischen schon alter Hut ist die sogenannte Thigh Gap. Gemeint ist eine Lücke zwischen den Oberschenkeln. Die beiden Schenkel, die doch eigentlich so sehr zusammengehören, ein Team bilden, sollen Abstand halten. Einen möglichst großen Abstand, und zwar auch dann, wenn sich im Stehen die Knie berühren. Noch so eine schier unlösbare Aufgabe, weiß man doch, Oberschenkel suchen die Nähe ihres Zwillings. Oft genug neigen sie dazu, sich zu berühren, und manche reiben sich auch sehr gerne aneinander. Wozu also diese Lücke? Diese brutale Trennung? Eine interessante Frage. Will man Kindern die Möglichkeit geben hindurchzulaufen? Eine ‚Thigh Gap', also eine Oberschenkellücke, ist völlig funktionsfrei. Sie bringt uns im täglichen Leben nicht voran. Sie ist bloß eine irrsinnige Ablenkungsmaßnahme, damit wir nicht auf die Idee kommen, die Weltherrschaft zu übernehmen.

Das gilt auch für den ‚A4-Waist'. Man nehme ein Blatt Papier im DIN-A4-Format und halte es sich hochkant vor den Bauch. Die ‚Challenge' gilt als bestanden, wenn man nur noch Papier sieht – und Bauch sowie Taille dahinter verschwinden. Ein Blatt Papier im A4-Format ist 21 Zentimeter breit, für fast alle Frauen eine geradezu lächerliche Vorstellung. Selbst wenn man das Papier quer halten würde (29,7 Zentimeter), wäre es für die meisten Frauen noch eine verdammt knappe Sache. Aber wozu, zum Teufel, sollte man eine so schmale Taille haben? Und wie soll das gehen, ohne dass man sich Rippen entfernen lässt und das Essen komplett einstellt? Was macht man dann mit dem dünnen Ding? Wird man damit mehr geliebt? Findet man schneller einen Job? Verdient man mehr Geld?

Apropos Geld: Sie tragen Ihres noch immer in einem Portemonnaie durch die Gegend? Dann sind Sie leider wirklich nicht auf dem neusten Stand. ‚Collarbone Challenge' nennt sich der groteske Wettbewerb darum, wie viele Münzen man in der sichtbaren Schlüsselbeinknochenmulde ablegen kann. Je mehr, je besser. Wir haben Hosentaschen, Jackentaschen, Handtaschen und Portemonnaies – wer möchte schon beim Edeka an der Kasse in seinem Schlüsselbein nach passendem Kleingeld suchen? Abstrus. Man muss sich ja nur mal vorstellen, man sitzt bei einem Essen und wird gefragt: „Was machen Sie eigentlich so in Ihrer Freizeit?" Sagt man dann: „Ich arbeite hart daran, mein Geld in meinem Schlüsselbein unterzubringen."!? Oder daran, als Siegerin in der ‚Belly Button Challenge' hervorzugehen? Hier soll man seinen Arm um den Rücken schlingen und mit der Hand den Bauchnabel erreichen. Selbst wenn man es schafft? Was wartet dort Aufregendes? Wozu ist das nütze? Im besten Fall bekommt man ein paar Likes von essgestörten Teenagern bei Instagram & Co. Auch die ‚Bikini-Brücke' bringt uns nicht wirklich weiter. ‚Bikini-Brücke' nennt sich der Hohlraum, der entsteht, sobald das Bikinihöschen auf den Hüftknochen aufliegt und man im Liegen in aller Ruhe quasi bis ins Tiefparterre schauen kann.

Sie meinen, an solchen Vorgaben arbeiten sich sowieso nur irgendwelche Hipsterlieseln bei Instagram & Co ab? Zumeist schon, aber selbst wenn wir nur müde darüber lächeln, diese Frauen sind oft Vorbilder für unsere Kinder. 13- und 14-Jährige folgen ihnen wie die Lemminge. Liken und loben deren Bilder und wollen gerne genauso sein. Bringen wir ihnen schonend bei, dass leider nicht eines Tages jemand einen Pokal vorbeibringt und sagt: „Mit Ihrer ‚Bikini-Brücke' oder Ihrem ‚Thigh Gap' haben Sie sich unsterblich gemacht. Sie haben sogar die Frau aus dem Feld geschlagen, die gerade ein neues Mittel gegen Krebs erfunden hat, und Carlotta, die Ihnen in der elften Klasse Markus ausgespannt hat. Wir haben hier übrigens Orlando Bloom dabei. Als er von Ihrer ‚Bikini-Brücke' hörte, MUSSTE er Sie einfach kennenlernen!"

Fell am Auge

Helene blinzelt uns an. „Na, seht ihr es?“, fragt sie in die Runde und blinzelt noch mal gaaanz langsam. Man kann es eigentlich nicht übersehen. Da, wo noch letzte Woche Helenes Wimpern waren, ist jetzt ein Fellvorhang, eine Art schwarze Flauschmarkise. Sehr viel dichtes, dunkles Haar. „Ich habe mir Extensions machen lassen!“, erzählt sie begeistert. Wir sind sehr beeindruckt, auch von dem, was Helene dafür bezahlt hat. 250 Euro für die Erstbehandlung, jedes Auffüllen kostet dann so um die 100 Euro. Je nachdem, wie viele Wimpern man braucht. Ungefähr vier Wochen hält das Ganze. „Gut, ein bisschen vorsichtig muss man schon sein“, berichtet Helene, „man sollte möglichst auf dem Rücken schlafen und sich natürlich nicht an den Augen reiben und selbstverständlich keine ölhaltige Abschminke verwenden.“ „Das wär mir echt zu teuer!“, stöhnt Gudrun. „Und der Gedanke, dass mir beim Date einfach so die Wimpern runterrieseln!“, ergänzt Karin. Kaum hat Helene mit ihrer neuen Anschaffung den Raum verlassen, geht es los.

„Was für ein Megaschwachsinn“, lästert Gudrun, klimpert demonstrativ mit ihren eher spärlichen Wimpern und klopft mit den Fingern auf den Tisch. Finger mit – wie immer – perfekt manikürten Shellac-Nägeln. Da ist ihr nichts zu teuer. Monat für Monat trägt sie mindestens 100 Euro zu ihrer Maniküre. Außerdem ist sie Stammkundin im Waxing-Studio. Als eine in der Runde ihr zaghaft sagt, dass das exzessive Waxing ja auch nichts anderes ist als die teure Rehmarkise von Helene, wird Gudrun pampig und startet eine längere Ansprache zum Thema Achselhaare. „So Büschel unter den Armen, das ist ja nun echt keine Geschmacksfrage mehr, das gehört heute wirklich zum Standardprogramm. Achselhaare sind einfach ekelhaft!“ „Aber gerade neulich gab es Bilder von Miley Cyrus und Madonna und auch Lady Gaga, die hatten wieder Achselhaar, und das war auch noch bunt. Pink und türkis eingefärbt“, kontert

Karin. Ob das zur allgemeinen Zeitersparnis oder Entspannung beiträgt? Achselhaare zu färben macht mindestens so viel Arbeit, wie sie zu entfernen.

Millionen Frauen geben irrsinnig viel Geld in Waxing-Studios aus oder sitzen zu Hause und halten akribisch kleine Lasergeräte auf einzelne Haare und hoffen, dass die sich für immer verziehen. Auch die Augenbrauen werden heute oft in professionellen Studios gebürstet, aufgefüllt, nachgemalt oder anderweitig getunt. Man kann sich Botox und Hyaluron spritzen, sich ein Vampirlifting leisten, Strasssteinchen auf Fußnägel anbringen, sich die Zähne bleichen lassen oder aber sich mit 45 Jahren noch mal in die Hände eines Kieferorthopäden begeben, um endlich diese verdammte kleine Lücke unten links zu schließen. Es gibt unzählige Möglichkeiten, in unser Aussehen zu investieren. Hier eine neue Dekolletécreme, da das super Peeling Treatment, der neue Selbstbräuner und natürlich nicht zu vergessen: die neue Einlegetechnik. Heute kann man nämlich nicht nur Gurken oder Anchovis einlegen, sondern gleich das ganze Gesicht. Unterschiedlich schattiert, fällt dann die große Nase oder das breite Gesicht oder die zu hohe Stirn fast gar nicht mehr auf. Es ist ein bisschen wie Malen nach Zahlen. Man kann sich auch neue Brüste machen lassen und die Haare verlängern.

Es gibt unzählige Möglichkeiten. Alles kostet Geld. Und nicht wenig Geld. Und natürlich Zeit. Sehr viel Zeit. Und jedes Mal, wenn man denkt, uff, jetzt bin ich auf dem neusten Stand und habe alles erledigt, was am Körper erledigt werden ‚muss', jetzt kann ich mich endlich mal entspannen, tun sich neue Baustellen auf. Man fängt unten an, und bis man oben angekommen ist, wurden für unten schon wieder neue To-do-Listen erfunden. Soll man sich Bereichen widmen, die bisher völlig unbeobachtet von jeglicher Schönheitsindustrie blieben. Hätte man Frauen vor 50 Jahren gesagt, dass manch eine sich heutzutage die Schamlippen verkleinern lässt, hätten sie was von gruseligem Science-Fiction gemurmelt. Heute schreibt eine junge Frau in einem Blog, dass ihre Neuerwerbung auf dem Singlemarkt ‚wulstige' Schamlippen moniert und eine Verkleinerung angeregt habe. „Bislang dachte ich immer, dass wenigstens untenherum alles okay ist." Der beste Rat, den sie von ihrer Community erbat, lautete natürlich: „Der kommt dir hoffentlich nicht noch ein zweites Mal über die Schwelle."

Männer, erkennt die Signale!

Es ist eine Never-ending-Story der Rundherum-Selbstoptimierung. Natürlich muss man all das nicht tun. Es sind ja immer nur Optionen, zu denen sich aber ständig neue gesellen. Wann wird von uns erwartet, dass auch Knie den „Glow" haben? Und wie lange dauert es noch, bis die Ellbogen in den Fokus rücken? Klar, grundsätzlich bleibt es jeder selbst überlassen, welchen Körperteil sie als Baustelle empfindet. Es ist Geschmackssache, wie viele Investitionen man zu leisten bereit ist. Wer hauptberuflich schön sein muss, kann sich eventuell erlauben, den halben Tag mit der Körperoptimierung zu verbringen. Aber Frauen, die Familie haben und einen Beruf und sich vielleicht noch erdreisten, Zeit mit Freunden zu verbringen, oder gar Hobbys ausüben, werden Abstriche machen müssen. Und das sollten wir unbedingt tun, ohne auch nur einen Moment ein schlechtes Gewissen zu haben – bloß weil wir die ‚empfindliche Region um die Augen' bei der Pflege einfach genauso behandeln wie die weniger empfindlichen Wangen. Weil wir noch oldschool Mascara auflegen und die Sache mit dem Fellvorhang auslassen. Weil wir einfach keinen Sinn in halbstündigen Klopfmassagen für die Oberschenkel sehen und, ehrlich gesagt, die Cellulite als das betrachten, was sie ja eigentlich ist: der natürliche Zustand weiblichen Bindegewebes.

Wir können uns auch einfach mal freinehmen. So wie eine Freundin, die sagt: „Mich stresst dieses ewige Ritual am Abend, das Abschminken, die Bürstenmassage, die Nachtcreme auftragen, die Zähne flossen, sie putzen. Das wird ja mit jedem Lebensjahr ein bisschen länger. Einmal die Woche schwänze ich und gehe einfach mal ohne das alles ins Bett. Und weißt du was: Bislang ist noch nichts Schlimmes passiert. Also nichts in der Größenordnung, die einem immer in Aussicht gestellt wird, wenn man sich an den Beauty-Vorschriften versündigt. Ich habe nicht mehr Falten, ich bin nicht hässlicher geworden. Bloß das Kopfkissen leidet ein wenig. Aber das kann man ja waschen." Wie bei fast allem im Leben ist eine Mischkalkulation sehr sinnvoll und zeitsparend. Man könnte es halten wie in der Wohnung. Sauberkeit ja, aufräumen ja, aber man muss nicht in jedem Zimmer zu jeder Zeit vom Boden essen können. Mal staubt man hier ab, mal wird das Bad gründlich geschrubbt. Und wer sagt denn eigentlich, dass man auch im Winter immer perfekt rasierte Beine haben muss? Wer legt das fest? Gibt es Kontrollen: „Frau Fröhlich, wir möchten gern Ihre Beine sehen. Und sollten die nicht babypoglatt sein, gibt es leider nichts zu Weihnachten!"?

Es lohnt sich, zwischendrin immer mal darüber nachzudenken, für wen man das alles macht, für wen man diesen unglaublichen Aufwand betreibt. Liegt es daran, dass wir bitte, bitte ganz doll gemocht werden wollen? Dass wir anderen Frauen mal zeigen möchten, wie man aussieht, wenn man alles richtig macht? Wollen wir Männern vorführen, was wir bereit sind zu tun, um ihnen zu gefallen? Senden wir so Signale, die uns weiterbringen? Oder hält man uns mit all dem Schönheitswahn nicht einfach auch schön beschäftigt. ‚In der Zeit, in der sie im Nagelstudio sitzen, können sie keinesfalls mein Chef werden!', könnten Männer denken und hätten sogar noch Recht. Wir investieren sehr viel Zeit und noch mehr Geld in einen Bereich, der nie fertig ist. Bei dem man immer wieder ‚zurück auf Los' muss.

Und wenn doch noch etwas Zeit bleibt, dann reden wir über andere. Was die „haben machen lassen", dass die es wohl „nötig haben" – im Unterschied zu uns, die wir nie auf die Idee kämen, uns etwa Botox spritzen zu lassen. Jedenfalls würden wir es nicht zugeben. Aber das ist ein Nullsummenspiel. Viel Geld für Nägel auszugeben ist per se nicht klüger, allerdings auch nicht dümmer, als es in ein Wimpernfell zu investieren. Dasselbe gilt für Botox und all die anderen Beauty-Maßnahmen. Wir sollten freundlicher und viel großzügiger sein, mit anderen und damit auch mit uns. Anstatt uns unsere ohnehin viel zu lange Liste der Körper-Krisengebiete gegenseitig noch zu verlängern.

Neulich bin ich von einer Freundin mit den Worten begrüßt worden: „Jetzt musst du dir aber wirklich mal die Augen machen lassen!" So was kann weg. Nicht weil es meine Augen nicht nötig hätten, sondern weil es übergriffig ist. Die Entscheidung, was zu tun ist und was nicht, was ich für unerlässlich oder schön halte, liegt bei mir. Wenn es mir wichtig ist, meine Wimpern aufzuhübschen, dann ist das nicht besser oder schlechter, als mindestens so viel Geld für Shellac-Nägel auszugeben oder für ein Jetpeeling. Cher hat mal gesagt: „Und wenn ich mir die Brüste auf den Rücken nähen lassen will, ist das meine Sache!" Dem ist nichts hinzuzufügen. Außer dass Helene ihr Wimpernfell letztlich doch nicht behalten hat. „Am Anfang war es noch lustig, weil mein Mann jedes Mal, wenn eine Wimper ausfiel, sagte, ich dürfte mir etwas wünschen. Aber dann gingen mir nicht nur langsam die Wünsche aus. Eine Kollegin fragte besorgt, ob ich etwa eine Chemo mache. Da habe ich mich dann doch für ‚naturbelassen' entschieden. Jedenfalls um die Augen herum."

Ausreden für Anfänger

Sport ist ein wirklich leidiges Thema. Alle wissen, dass theoretisch sehr viel für Sport spricht. Er kann also leider nicht weg.

Ich will gar nicht erst anfangen, von all den möglichen gesundheitlichen Vorzügen zu sprechen: Herz, Kreislauf, Blutwerte, Diabetes, Adipositas usw. usw. Das weiß eigentlich jeder – und trotzdem macht noch lange nicht jeder Sport. Aber die wenigsten sagen: „Ich habe keine Lust!" oder „Ich bin zu faul!" Stattdessen sagen sehr viele: „Ich habe einfach keine Zeit!"

Leider kann diese Ausrede, genau wie alle anderen in Bezug auf Sport, sofort weg. Vielleicht hat man keine Zeit für ein aufwendiges Triathlontraining, aber Zeit für zwei- bis dreimal Sport die Woche hat jeder. Wie alles im Leben ist Sport machen oder nicht machen schlichtweg eine Frage der Prioritäten. Sogar Barack Obama hat in seiner Amtszeit Sport gemacht. Wenn ein amerikanischer Präsident Zeit für Sport hat, sollte es für unsereins auch klappen. Ja selbst wenn man arbeitet und eine Familie hat und alleinerziehend ist und Schichtdienst und einen Haushalt führen muss… und gerne lange schläft. Wer Sport treiben will, findet die Zeit. Man muss es nur wollen. Man kann morgens ganz früh Sport treiben und sogar spätabends. Es gibt ein Wochenende. Es gibt freie Tage. Diese Ausrede kann demnach sofort entsorgt werden. Wer Zeit findet, Fernsehen zu gucken oder sich die Nägel mit Strasssteinchen verzieren zu lassen oder auf der Couch zu liegen oder Mittagsschlaf zu machen oder stundenlang ‚Candy Crush' zu spielen oder, oder, oder – der kann auch Sport machen. Außer er hat keine Lust. Das ist natürlich keine besonders gute Ausrede, aber immerhin ehrlich. „Ich habe keine Zeit" kann weg! Ebenso wie die folgenden Sportvermeidungssätze.

„Ich würde ja Sport machen, aber ich bin einfach zu dick! Das machen meine Gelenke gar nicht mit. Und die Knie. Ich muss erst abnehmen."

Tja, gerade dann wäre Sport natürlich gut. Es verlangt ja niemand, dass man direkt den Mount Everest besteigt oder sich im Stabhochsprung versucht. Walken oder schwimmen kann man in so gut wie jeder Gewichtsklasse. Fett gilt nicht als Sportausrede. Ganz im Gegenteil. Fett sollte ein Sportansporn sein. Ja, es kann sein, dass man sich quälen muss. Es kann sein, dass jemand im Schwimmbad blöd guckt. Es kann sein, dass man deswegen lieber keinen Sport macht. Aber man könnte. Wenn man denn will.

„Ich will nicht irgendwo hinfahren müssen. Ich wohne so weit draußen. Da geht kein Bus mehr. Ich kaufe mir einen Hometrainer. Und dann geht's los!"

Eine schöne Idee. Meist bleibt es bei der Idee. Sollte tatsächlich ein Trimmfahrrad, ein Crosstrainer, ein Rudergerät oder Laufband Einzug ins Wohn- oder Schlafzimmer halten, wird es oft genug in kürzester Zeit zum Kleiderständer umfunktioniert. Oder man verdammt es in den Keller, damit es nicht als ewiges Mahnmal täglich aufs Gemüt drückt. Hometrainer sind quasi die Hochzeitskleider des Sportmarktes. Einmal benutzt, und gut ist es. Auf der Stelle rudern oder Rad fahren ist verdammt langweilig, und es erfordert eine Menge Disziplin, es zu tun. Sport braucht leider immer Disziplin. Die Anschaffung eines Geräts ist ein schöner erster Schritt, aber die schlechte Nachricht ist, man muss es auch benutzen. Und das auch noch regelmäßig. Wenn man nicht vor Langeweile sterben will, sollte man dabei Hörbücher hören oder fernschauen oder lesen (ja, auf dem Fahrrad kann man lesen!).

„Sport ist so viel Aufwand. Ich kaufe mir einfach ein Abo für dieses EMS-Muskeltraining. Da kann man in 20 Minuten in der Woche alles mühelos erledigen."

Schön wäre es. EMS-Training hilft durchaus, Muskulatur aufzubauen. Aber: Allein bis die Elektroden sitzen, dauert es eine Weile. Das und die 20 Minuten ‚Training' und die Anreise, da ist man am Ende doch bei einer Stunde. Minimum. Und in der einen Stunde hätte man locker auch walken können. Oder Gymnastikübungen machen können. Das bestechende an Power Plate und EMS-Training ist, dass es gefühlt schnell geht. Und hier liegt die Illusion. Schnell und ohne Mühe. Sport ist immer mühsam. Immer auch anstrengend. Sonst ist es leider kein Sport. Würde man fit vom Liegen auf der Couch mit ein paar Elektroden am Körper, wäre ich sofort dabei. EMS und Power-Plate-Training wirken sich auf die Muskulatur aus. Aber auch hier gilt der alte Spruch: Von nichts kommt nichts. Klar kann man kürzere, härtere Trainingseinheiten absolvieren. Das soll wahnsinnig effektiv sein und mindestens so viel Nutzen bringen wie lange gemäßigtere Einheiten. Mag sein, aber trotz allem kommt man ums Trainieren nicht herum. Selbst EMS-Training ist anstrengend. Und mal ehrlich: Allein der Gedanke, Sport zu machen, ohne sich bewegen zu wollen, ist ziemlich merkwürdig und hat mit Sport nichts zu tun. Da geht es dann nur noch um Selbstoptimierung. Davon mal abgesehen, dass Sport an der frischen Luft noch einen Zusatznutzen bringt. Er ist erwiesenermaßen stimmungsaufhellend. Das kann ein EMS-Training, so effektiv es in anderer Hinsicht sein mag, nicht leisten. Und teurer ist es sowieso.

„Das Fitnessstudio ist mir einfach zu teuer! Und ich ende immer als Karteileiche!"

Fitnessstudios kosten Geld, klar. Je nach Ausstattung mehr oder weniger. Und man muss sich für einen längeren Zeitraum verpflichten. Wer kennt sie nicht, die immense Anfangseuphorie? Man geht fast täglich, fragt sich, wie man je ohne diese Mitgliedschaft im Fitnessstudio leben konnte. Dann lässt man einen Tag aus, dann kann man mal eine Woche nicht, und dann geht man gar nicht mehr hin. Fitnessstudios hat man eben selten zu Hause. Man muss hinfahren, Klamotten mitnehmen, sich umziehen und duschen. All das ist aufwendig und führt dazu, dass man es oft genug schnell wieder lässt.

Egal wie und wo man Sport macht oder machen will – ohne Disziplin und Zeitaufwand geht es nicht. Es gibt viele Möglichkeiten, ob allein, im Verein, im Fitnessstudio oder wo auch immer: Man muss es nur tun. Natürlich dürfen Sie sich auch dafür entscheiden, dass Sport wegkann. Niemand sollte zu Sport gezwungen werden. Niemand ist verpflichtet, Sport zu machen. Aber vergessen Sie all die doofen Ausreden. Wenn Sie einfach keine Lust haben und sich nichts daraus machen, dann sagen Sie es genau so.

16-jährige, die schon **Sex haben,** können auch ihr Bett frisch beziehen.

DIE MUTTI-HALL-OF-FAME

Runde eins: Hausfrau gegen Berufstätige

Spieglein, Spieglein an der Wand – wer ist die tollste Mutti im ganzen Land? Im internationalen Mütterwettbewerb geben Frauen einfach alles. Kämpfen mit allen verfügbaren Waffen. In der Disziplin ‚Hausfrau gegen Berufstätige' gibt es unter den Kontrahentinnen keinerlei Gnade, Großmut oder gar Toleranz und Solidarität. Ganz im Gegenteil. Die jeweils andere Seite wird eifrig schlechtgemacht: Hausfrauen fragen sich mit Häme und Mitleid in der Stimme, warum Frauen überhaupt Kinder bekommen, wenn sie doch so gar keine Zeit für sie haben. Sie werfen den berufstätigen Müttern Egoismus und mangelnde Mutterliebe vor. Aber auch die andere Seite gibt ihr Bestes in Sachen Vorurteil: ‚Muttertiere, die intellektuell komplett verblöden mit einem gestrigen Weltbild' revanchiert sich die Berufstätige bei der Vollzeithausfrau.

Der gemeinsame Tenor lautet: Du machst es anders als ich – und schon deshalb ist es falsch. Um die eigene Position zu rechtfertigen, wird die andere vehement beleidigt, unterschätzt, angegriffen. Definitiv keine Win-win-Situation, sondern genau das Gegenteil. Letztlich sind alle ständig extrem beleidigt, empfindlich und verwundbar. Nichts, was irgendjemand gebrauchen kann. Schon gar nicht mit Kind. Da haben wir auch doch alle sowieso jede Menge schlechtes Gewissen im Gepäck. Und zwar bloß, weil wir Mütter sind. Der Kaiserschnitt ist noch nicht richtig vernäht, da geht es schon los: Hätte ich mich nicht mehr mühen müssen, damit es zu einer normalen Geburt gereicht hätte? Immerzu denkt man, man könnte diesen Job, der so viel mehr ist als ein Job – eher eine Lebensaufgabe –, irgendwie noch besser machen. Man müht sich ständig, aber es ist nie genug. Warum nur fehlt uns, obwohl wir das Dilemma ja alle kennen, ausgerechnet in diesem Bereich oft jegliche Toleranz mit Frauen, bloß weil die es anders machen? Können wir unsere Lage tatsächlich verbessern, indem wir sie herabwürdigen? Bringt uns das weiter oder ‚kann das weg'? Dieser ewige Mütterkrieg?

Mit Sicherheit kann weg: Der Dünkel der Berufstätigen, die gerne ein wenig süffisant zur Hausfrau herabschauen und von der Vergeudung von Talenten und Qualifikationen sprechen: „Wozu war die denn an der Uni? Wozu hat sie eine Ausbildung zur Fremdsprachenkorrespondentin, wenn sie jetzt doch nur zu Hause hockt, ‚duzi duzi' macht, Puzzle spielt oder mal einen Lego-Bauernhof aufbaut? Wie kann man nur so leben? Ohne jegliche Herausforderung?" Davon mal abgesehen, dass ein Puzzle eine ganz schöne Herausforderung sein kann, vom Aufbau einer Playmobil-Burg gar nicht zu sprechen, ist eine solche Äußerung absolut übergriffig und frech.

Ebenso im umgekehrten Fall. Auch Frauen, die rund um die Uhr zu Hause bleiben, hegen ausreichend Vorurteile: „Wozu kriegt man Kinder, wenn man sie ‚fremdbetreuen' lässt? Nur um sich selbst zu verwirklichen!" Auch das ist übergriffig und unverschämt. Nicht jede Frau kann sich aussuchen, ob sie arbeiten geht oder nicht. Sich diese Frage überhaupt stellen zu können ist reiner Luxus. Viele müssen arbeiten, um die Familie und sich selbst zu ernähren. Oder zum Unterhalt beizutragen. Die wenigsten können sich aussuchen, ob sie berufstätig sind oder nicht. Um Selbstverwirklichung geht es somit in den seltensten Fällen. Aber selbst wenn: warum nicht? Viele wollen arbeiten.

Aus mannigfachen Gründen. Spaß gehört dazu. Auch Anerkennung und Unabhängigkeit in Form von Geld. Ebenso wie Herausforderung, Selbstbestätigung und manchmal eben auch Selbstverwirklichung. Mit gründlichem Blick auf das neuere Scheidungsrecht sollten eigentlich alle arbeiten gehen, vor allem wenn sie vorhaben, im Alter mehr zu essen als ein karges Tütensüppchen. Eine Bekannte meiner Eltern konnte noch behaupten: „Mein Mann hat mich vor der Arbeit bewahrt." Und auch das Zitat der amerikanischen Journalistin Helen Rowland wird bald aus der Mode kommen: „Wenn man sich anschaut, was manche Frauen heiraten, erkennt man, wie sie es hassen müssen, ihren Lebensunterhalt zu verdienen." Denn eine Hochzeit und egal wie viele Kinder, wie lange man aus dem Beruf war und wie fantastisch man einen Haushalt geführt hat – das alles garantiert heute keine lebenslange Rundumversorgung mehr. Die Zeiten sind definitiv vorbei. Ob es gerecht ist, dass diese Regelung auch Ehen betrifft, die noch unter ganz anderen Prämissen geschlossen wurden, darüber kann man streiten. Aber man kann sicher nicht mehr sagen: „Ich habe das nicht gewusst." Wer nicht arbeiten geht, sollte sich deshalb anderweitig absichern.

Stille Post

Erstaunlich an all den wechselseitigen Vorwürfen ist, dass noch nicht einmal jemand etwas Böses sagen muss. Wir wissen auch so, oder meinen zumindest zu wissen, was die Gegenseite Gemeines denkt. Wir glauben, die stillen Vorwürfe erahnen zu können, interpretieren noch in harmlose Bemerkungen Beleidigendes. Ständig glaubt man, man müsse sich – quasi ungefragt – schon mal rechtfertigen. Da genügt oftmals ein komischer Blick, eine winzige Andeutung.

Als ich kurz nach der Geburt meiner Tochter wieder arbeiten ging, war das ein sehr seltsames Gefühl. Niemand hatte mich dazu gezwungen, ich wollte arbeiten, ich wollte mein eigenes Geld verdienen, und wir brauchten es. Ich wollte aber auch raus und weiterhin an der Welt der Erwachsenen partizipieren. Ich wollte den Hauch einer Karriere nicht durch eine jahrelange Babypause zerstören. Ich arbeite gerne. Habe Spaß dabei. Natürlich habe ich darüber nachgedacht, ob das eine egoistische Haltung ist. Aber letztlich profitieren ja alle davon, wenn Mutti zufrieden ist: Vater, Mutter und Kind. Wer halbherzig zu Hause bleibt, beglückt niemanden.

Bei aller Aufgeklärtheit herrscht in unseren Hinterköpfen ja noch immer ein ziemlich traditionelles Familienbild. Zumeist braucht es niemand anderen, um sich mit einem schlechten Gewissen herumzuschlagen. Im Uns-selbst-Vorwürfe-Machen sind wir Frauen unschlagbar gut. Da könnten Männer viel von uns lernen. Und wir von ihnen. Sie würden – jedenfalls zum größten Teil – überhaupt nie auf eine solche Idee kommen. Schon mit minimalem Einsatz an der Kinderfront fühlen sie sich schnell wie eine männliche Variante der Supermutti. Schon weil alle anderen Kerle ja noch viel weniger tun. Auch das machen wir Frauen erst möglich. Männer werden für völlig gewöhnliche Leistungen im Haushalt und bei der Aufzucht des Nachwuchses beklatscht, als hätten sie von Heidi Klum nicht nur ein Foto, sondern gleich ein ganzes Album mit hübschen Aufnahmen bekommen. Aber wie schon erwähnt – das schlechte Gewissen ist im Muttersein inbegriffen. Jede hat es. Und obwohl man all das ganz genau weiß, hämmert es unaufhaltsam weiter in unseren Köpfen. Bei mir waren es zumeist Frauen, die oft mit einem leicht vorwurfsvollen Unterton gefragt haben, wo denn meine Kinder seien, wenn ich arbeiten gehe. Männer stellen solche Fragen sehr viel seltener, weil sie damit einfach kaum zu tun haben. Sich diese Gedanken gar nicht machen. Weil das jemand – zumeist die Frau an ihrer Seite – für sie erledigt. Anfangs habe ich mich bei solchen Fragen gerechtfertigt, beteuert, wie gut die Kinder untergebracht sind und wie wunderbar sie betreut werden, habe mich unter Druck gesetzt gefühlt und Studien zitiert. Später war ich nur noch genervt und habe oft lapidar gesagt: „Die Kinder, ach so, die sind im Heim. Wo sonst?“ Oder: „Die sind im Keller an der Heizung angekettet.“ Nie wurden meinem Lebensgefährten, dem Kindsvater, diese Fragen gestellt. Bei Männern geht man einfach davon aus, dass sie eine Frau haben, die die Kinder betreut oder die Betreuung organisiert. Das nervt. Diese Selbstverständlichkeit, mit der auch wir davon ausgehen, dass wir immerzu zuständig sind, die ‚kann weg‘! Das geht natürlich nur, wenn man mehr einfordert, Männer in die Pflicht nimmt. Ja, das ist mühsam, aber auf lange Sicht spart es Nerven und Zeit.

Immer ist Mutti schuld

Wie Eichhörnchen Nüsse, mit derselben Akribie sammeln wir beständig Indizien, um unsere Vorstellungen und unser Weltbild zu untermauern: Knabbert der kleine Leon von Sybille nicht dauernd an den Nägeln? Kein Wunder, irgendwo muss er mit seinen Verlassensängsten ja hin! Der kriegt seine Mutter ja fast gar nicht mehr zu Gesicht! Erstaunlich, dass er sie noch erkennt! Und wie soll so einer je eine glückliche und erfüllte Beziehung führen? Klar ist der Karl hyperaktiv, irgendwie muss das arme Kind ja die Aufmerksamkeit seiner Mutter auf sich ziehen, die er ansonsten nur sporadisch sieht. Und wie Marie-Louise mit Geschenken zugeschüttet wird. Die Mutter versucht da was gutzumachen, was nicht gutzumachen ist. Typisch: Geschenke statt Zuwendung! Noch ein Stofftier und noch eine Barbie. Geschenke, statt Zeit mit dem Kind zu verbringen. Liebe kann man doch nicht erkaufen!

Ach, guck dir die arme süße Carla-Sophie an, die wird so verhätschelt, die kann mit ihren neun Jahren noch nicht mal allein zur Bushaltestelle laufen. Die wird sicher noch mit 27 beim Fliegen so ein Schild umhängen haben, mit Namen, Adresse und Zielort, damit sie nicht verloren geht. Konstantin ist so unselbstständig, aber seine Mutter nimmt ihm ja auch alles ab und behandelt den Elfjährigen wie ein Kleinkind. Sie packt jeden Abend seinen Ranzen und fährt ihm den Turnbeutel hinterher. Wie soll er jemals ohne sie zurechtkommen? Wird sie ihm in 20 Jahren auch die Aktentasche rauslegen und ein Pausenbrot für die Kantine schmieren, weil ihm da das Essen nicht schmeckt?

Egal welche vermeintlichen Defizite Kinder haben, eines ist klar: Schuld ist Mutti. Sie war zu fürsorglich oder zu laissez faire. Sie war zu gluckig oder hat das arme Kind zu viel in fremder Obhut gelassen. Zu viel gekümmert – zu wenig gekümmert! Und wer denkt, na ja, irgendwann ist es ja mal gut, täuscht sich. Diese Schuldzuweisung gilt lebenslang: Sollte Ihr Kind also eines Tages eine Bank überfallen oder einen Burnout haben oder sich scheiden lassen – schuld ist im Zweifelsfall IMMER Mutti.

Es gibt viele Wege, Kinder zu erziehen – den einen perfekten fantastischen, allein seligmachenden Weg allerdings gibt es nicht. Das ist einerseits schade, weil man keinen allgemeingültigen Wegweiser hat, sondern selbst einen für sich kompatiblen finden muss. Aber andererseits, wenn man es genau betrachtet, sehr tröstlich. Vieles ist halt Ermessenssache, Ansichtssache und auch Geschmackssache. Alle machen Fehler. Wir sind eben Menschen und keine Maschinen. Mal ehrlich, würden wir keine Fehler machen und perfekt erziehen, wie wäre das dann für unsere Kinder? Mit Sicherheit ein absoluter Horror, denn ein Kind, das perfekt erzogen wird und sich wider Erwarten nicht zum perfekten Mensch entwickelt, wird sich immerzu fragen, was mit ihm verkehrt ist. Es wird lange

Jahre beim Therapeuten hocken und kann noch nicht mal seine Eltern zum Schuldigen küren.

In den USA haben sich bereits Therapeuten über dieses Problem ausgetauscht. Sie erzählen, wie sie mittlerweile immer häufiger Klienten haben, die sagen: „Ich hatte alles, was man als Kind und Jugendlicher nur haben kann. Prima Eltern, totale Zuwendung, finanzielle Sorglosigkeit. Aber mir geht's gar nicht gut. Ich denke immer, bei all dem müsste ich doch eigentlich viel glücklicher sein!" Wir sollten uns dringend von der Vorstellung verabschieden, man müsse mindestens eine perfekte Mutter sein. An diesen Ansprüchen kann man nur scheitern. Wir geben meistens unser Allerbestes, eine Menge sehr, sehr Gutes, und manchmal liefern wir eben nur Laienhaftes ab. Das ist mehr als genug. Die perfekte Mutter ist ein Mythos. Eine Wunschvorstellung. Etwas, an dem wir uns nur vergeblich abarbeiten können. Das bedeutet nicht, dass es keine Supermuttis gibt. Doch, sie existieren. Und sie können nicht nur andere Mütter, sondern vor allem sich selbst ganz schön fertigmachen.

Die real existierende Supermutti

Die wirklich gute Mutti kann alles. Sie regelt alles. Sie besorgt alles. Sie ist die Königin unter den Dienstleistern. Sie kocht, sie wäscht, sie bügelt, putzt die Fenster, schrubbt Bäder auf Hochglanz und backt die süßesten Cupcakes. Weltweit. Sie bastelt die hübscheste Laterne des gesamten Martinsumzugs, sie hört Vokabeln ab, sie schreibt Referate, achtet auf selbst gekochte, ausgewogene Ernährung und hat noch nie einen Elternabend geschwänzt. Ihr Nudelsalat (vegan!) ist legendär. Wer, wenn nicht sie, ist die Supermutti?

Leider gibt es für diesen Titel so rein gar nichts. Kein Geld, keine Medaille, keine Urkunde und im schlimmsten – aber durchaus üblichen – Fall nicht mal einen Hauch von Anerkennung. Supermuttis rackern rund um die Uhr. Sie wollen alles richtig machen, weil dann vielleicht irgendwann tatsächlich mal jemand sagt: „Danke, dass du uns das alles abnimmst. Danke für den Kuchen, meine Referate und meine immer frische Bettwäsche. Danke für den 24/7-Bereitschaftsdienst." Sie wollen die bestmögliche Version einer Mutti sein, die man sich nur vorstellen kann. Schon allein deshalb sind alle, die sich mehr oder weniger redlich mühen, in ihren strengen Augen keine guten Mütter.

Supermuttis können nur Supermuttis sein, wenn sie andere degradieren. Um auf dem Siegerpodest ganz oben zu stehen, muss es welche geben, die die hinteren Plätze belegen. Wer das ist, daran hat die Supermutti keinen Zweifel. Alle außer ihr natürlich. Niemand kann ihr wirklich das Wasser reichen, und sollte eine gefährlich nah an ihr gigantisches und ziemlich beängstigendes Dienstleistungsportfolio herankommen und ihr eventuell den Rang streitig machen, legt die Supermutti ihr Supermutti-Kostüm an und noch eine Schippe drauf. Dann macht sie für die Kindergartenfeier eben nicht nur die herrlich verzierten Cupcakes, rosa und hellblau, sondern auch noch glutenfreie Plätzchen und Buchstabenkekse. Wollen wir doch mal sehen, wer hier die Nase vorn hat im internationalen Supermutti-Wettbewerb.

Aber mal ehrlich: Wozu das Abmühen und Rackern für die Racker? Das Wettbacken und -kochen? Wird man irgendwann dafür zur Cupcakekönigin gekürt? In die Mutti-Hall-of-Fame aufgenommen – also unsterblich? Die enttäuschende Antwort lautet: nein. Je mehr man leistet und anbietet, umso selbstverständlicher wird es hingenommen, umso mehr wird auf Dauer auch erwartet. Wer täglich drei Gänge kocht und eines Abends eine Tiefkühl-Pizza serviert, erntet Enttäuschung. Umgekehrt gibt's Begeisterung. Manchmal ist weniger eben mehr. Ein Zuviel setzt Standards, die stressen, die zur Normalität werden und somit keinerlei Aufmerksamkeit mehr erregen, sondern eher Maßlosigkeit provozieren. Wer jahrelang zu jedem Handballturnier mindestens zwei selbst gebackene Kuchen mitbringt und eines Tages mit einer Tüte Laugenbretzel vom Discounter aufkreuzt, wird – klar – komisch beäugt.

Andauernde Dienstleistungs- und Aufopferungsbereitschaft befeuert nur die Supermutti-Abneigung. Unterschwellig verstehen die anderen ja, dass sie wohl einfach nur ein bisschen faul, unwillig oder unorganisiert sind. Oder ihnen die Kinder einfach nicht so am Herzen liegen. Mit all der Superdienstleistung setzt man Standards, und die machen Druck. Den Supermuttis selbst und allen anderen sowieso. Deshalb gehören Supermuttis nicht zur beliebtesten Spezies. Ganz im Gegenteil. Sie nerven mit ihrem Übereifer. Insgeheim werden sie regelrecht gehasst, weil sie mit ihren pastellfarbenen Cupcakes, ihren strahlenden Laternen, ihrem perfekten Garten, ihrem kleinen Wunderkind ein immerwährendes Mahnmal für uns offenbar höchstens durchschnittlich bemühte Mütter sind. Die wir es gerade noch schaffen, zum Kindergartenfest ein paar gekaufte Muffins aus der Folie zu befreien, damit unser Versagen nicht ganz so offensichtlich ist. Aber wir haben doch auch so genug zu tun. Natürlich fragt man sich: Wie schafft die Supermutti das? Schläft die nicht? Antwort: Oft sind Supermuttis auch und vor allem super im Zur-Schau-Stellen. Eigentlich sind sie bei genauer Betrachtung Fake-Supermuttis, denen es hauptsächlich darum geht, nach außen hin perfekt und super organisiert zu wirken. Sie haben selbst Muttis, Schwiegermuttis, Kinderfrauen oder Au-pairs, die sie emsig bei der großen Supermutti-Illusion unterstützen. Und wozu? „Irgendwann werden sie mir dankbar sein, werden merken, was ich alles für sie tue und worauf ich für sie verzichte“, sagen Supermuttis dann gerne. Bis es so weit ist, saugen sie jede Form der Anerkennung, selbst Spurenelemente des Danks auf wie ein spröder Spülschwamm das Wasser.

Undankbare Brut

Aber ein Zuviel an Dienstleistung ist auf Dauer nicht nur anstrengend und nervig, sondern sogar schädlich. Kinder, denen alles abgenommen wird und die nichts, aber rein gar nichts, selbst erledigen müssen; Kinder, die gewöhnt sind, dass Mutti es schon richtet, sind ziemlich schnell komplett verzogene Kinder. Kinder, denen man nichts, aber auch rein gar nichts zumutet, denen man alles abnimmt, was ihren Weg kreuzt, jegliche Unannehmlichkeit, haben beim Eintritt in die Erwachsenenwelt ein großes Problem. Da sie nie etwas eigenständig erledigen mussten, fehlt ihnen jegliche Frustrationstoleranz. Woher sollen sie die auch haben? Sie mussten ja nie mal was aushalten. Selbst erledigen. Man muss halt mal Letzter sein, mal im Memory verlieren, mal einen Tadel der Lehrerin aushalten, ohne dass Mutti gleich angerannt kommt. Wer seinen Turnbeutel vergisst und deshalb nicht mitmachen kann oder barfuß turnen muss, wird daraus etwas lernen. Vielleicht nicht beim ersten, aber ganz bestimmt beim zweiten oder dritten Mal. Handeln hat Konsequenzen. Nichthandeln auch. Das muss man kapieren. Nicht nur in der Theorie, sondern in der Praxis.

Wenn Supermutti, die Königin der eifrigen Dienstleisterinnen, alles hinterherfährt, fehlt diese Erfahrung. Wer am Abend vor dem Referat jammert und es tatsächlich schafft, dass sich Mutti bis nachts um halb drei hinsetzt und Erhellendes über die Französische Revolution schreibt, wird es beim nächsten Mal wieder versuchen. Hat ja schon mal geklappt. Man kann den Kindern noch nicht mal einen Vorwurf machen. Es ist ja bequem, so wie es ist. Ich würde mich auch richtig gerne rund um die Uhr bedienen lassen. Wäre froh, wenn es eine Person gäbe, die mir alle unangenehmen Aufgaben aus dem Weg räumen würde.

Leider hat sich noch kein Freiwilliger gefunden, der das kostenneutral, bescheiden und ohne zu klagen erledigt. Meiner

Mutter fehlt leider so gänzlich das Supermutti-Gen. Mist. Oder auch: ein Glück. Denn was wird wohl aus diesen Megagluckenkindern? Werden sie noch mit 32 Jahren zu Hause anrufen (nachts um eins) und fragen, wo ihr Lieblingssweatshirt ist? Mutti bitten, mit dem Vorgesetzten zu reden, weil der so streng war? So total unfair? Wie sollen diese Kinder je zu verantwortungsbewussten Erwachsenen werden, wenn sie jahrelang von vorne bis hinten bedient und bemuttert worden sind? Wenn sie sich nie selbst am Drücker sahen, sondern ihr Leben vom Eventmanager ‚Mutti' organisiert wurde? Wie muss es sich für diese Kinder anfühlen, auf einmal brutal und unsanft aus ihrem Prinzen- und Prinzessinnenleben geschubst zu werden? Wenn ihnen die Welt ihr kleines Krönchen unsanft vom Schädel reißt? Nach all den Jahren als Herrscher oder Herrscherin in einer Sechs-Sterne-Wellnessoase namens Familie. Auf einmal müssen sie selbst Entscheidungen treffen und selbst verantwortlich sein. Sie müssen nun sehr spät lernen, auch mal zu verlieren und niemanden zu haben, der für sie die Karre aus dem Dreck zieht. Kinder nicht rund um die Uhr zu bedienen und zu verwöhnen ist keine Faulheit, sondern absolut sinnvoll. Eine pädagogische Maßnahme. Sie tun ihnen geradezu einen Gefallen. Sie machen sie lebenstüchtig. Und bitte immer daran denken: Sie sind die Mutter, nicht das Personal. Sie sind der Boss, nicht die Angestellte Ihrer Kinder. Sie sind die Bestimmerin.

Das Rundum-sorglos-Paket

In vielen Familien bestimmen inzwischen die Kinder. Sie schnippen mit dem Finger, quengeln einmal kurz und … – Mami springt pflichtschuldig. Egal womit sie eigentlich gerade beschäftigt war. Sobald Anna-Lena aus ihrem Zimmer nach einer Apfelsaftschorle schreit, hastet die Supermutti direkt in die Küche, um der achtjährigen Familienkönigin ihr gewünschtes Getränk anzureichen, anstatt zu sagen: „Wenn du Apfelsaft willst, dann komm her! Und übrigens: Ich bin nicht taub." Supermuttis machen, während sie blitzschnell und eilfertig den Apfelsaft holen, noch ein Tellerchen mit Banane und ein paar Schokokeksen zurecht und fragen, ob es sonst noch was gibt, was der Königin in ihrem Kinderzimmer Freude bereiten würde. Selbstverständlich wird das gewünschte Getränk gebracht und der Auftraggeberin gereicht. Die reklamiert gleich den fehlenden Strohhalm – und Mutti wetzt sofort wieder los. Ja, sind wir denn verrückt geworden? Haben wir ansonsten nicht genug zu tun? Was glauben wir, dadurch zu erreichen? Wo liegt hier der Sinn? Mütter unterbrechen jedes Telefonat, wenn ihr Liebling eine dringende Frage hat: Wer hat die Fernbedienung? Warum ist das WLAN abgekackt? Wo ist mein Lockenstab? Ist mein T-Shirt noch nicht gebügelt? Fahren mehr Kilometer zu Sporthallen, Schulen oder Turnieren als ein gewöhnlicher Berufskraftfahrer, obwohl es eine wunderbare Verbindung mit Bus und Bahn gäbe, und finden diese Rund-um-die-Uhr-sorglos-Betreuung das Mindeste, was sie tun können. Wir wollen, dass uns unser Nachwuchs ganz doll lieb hat, und denken, dass wir umso mehr geliebt werden, umso mehr wir leisten. Umso mehr wir ihnen abnehmen. Pustekuchen. Das funktioniert weder bei Männern noch bei Kindern. Das ist eine Gleichung, die niemals aufgeht.

Leider wird der, der erzieht, oft streckenweise nicht besonders gemocht. Weil er Nein sagt, Dinge verbietet und somit nervt. Das muss man aushalten. Das kann unangenehm sein. Aber wir sind nicht die besten Freunde unserer Kinder. Diese Vorstellung und Idee klingt hübsch, ist pädagogisch allerdings ähnlich wertvoll wie der Großbildfernseher im Zimmer eines Fünfjährigen. Wozu sollte man die beste Freundin seiner Kinder sein? Sie haben ja hoffentlich Freunde. Wir sind die Eltern. Warum nur streben so viele Mütter dennoch nach der Besetzung dieser

Rolle? Freunde kann es viele geben. Die Stelle der besten Freundin kann eine Variable sein. Eine Mutter ist keine Variable, die Position gibt es nur einmal. Eine Mutter hat andere Aufgaben als eine Freundin. Wir sind nicht die Animateure unserer Kinder, dazu da, sie bei Laune zu halten. Wir sind dazu da, ihnen zu zeigen, wie man sein Leben meistern kann. Wir sind dazu da, sie zu erziehen. Ihnen beizubringen, wie man ordentlich isst, warum es klug UND nett ist, Bitte und Danke zu sagen. Weshalb man sein Zimmer ab und an aufräumt und wie man respektvoll mit anderen Menschen umgeht.

Wir wollen, dass sie gute, glückliche und freundliche Menschen werden. Liebenswerte Menschen. Und dazu brauchen Kinder freundliche, aber dennoch unmissverständliche Anleitung. Sie müssen lernen, selbst verantwortlich zu sein, und begreifen, dass es fast immer auch Klügere und Tollere gibt als sie: Solche, die schneller laufen können, deren Haare länger sind, die bessere Noten haben oder das teurere Fahrrad – und man trotzdem ein gutes Leben haben kann. Sie müssen lernen, auch mal zurückzustehen und nicht die erste Geige zu spielen. Es bringt nichts, ihnen rund um die Uhr zu sagen, wie großartig sie sind. Das weckt nur grundfalsche Erwartungen. Lob ist gut, kann motivieren, aber die Dosis macht es. Auch Kinder merken, wenn Lob inflationär und für jede winzige Kleinigkeit nach dem Gießkannenprinzip über ihnen ausgeschüttet wird. Ein Zuviel an Applaus tut niemandem gut. Und mit einer deutlichen Reduktion erspart man sich außerdem viel Arbeit und Zeit.

Dafür kann es passieren, dass Sie ein paar Jahre lang (zum Beispiel die komplette Pubertät durch) immer mal inbrünstig gehasst werden. Erziehung macht halt nicht beliebt. Neinsagen schon gar nicht, und Neinsagen ist ein großer Bestandteil von Erziehung. Ebenso wie das Übernehmen von Verantwortung. 16-Jährige, die schon Sex haben, können auch ihr Bett frisch beziehen. Wer bei Instagram einen Account hat und von morgens bis abends Bilder postet, der schafft es auch, bei Wikipedia ein paar dürftige Infos fürs Referat allein zu googeln. Das ist keine Zumutung oder ein Fall für Menschenrechtsaktivisten, sondern normal und angemessen. „Aber der wird sein Bett nicht beziehen, und ich habe ihn schon so oft darum gebeten! Sogar tolle neue Bettwäsche mit seinem Lieblingsverein gekauft!", klagen mir bekannte Mütter und: „Bevor ich da ewig rumnörgel, mache ich es doch lieber schnell selbst!" Auf keinen Fall. Da muss man mal standhaft bleiben. Klar können Sie es besser und schneller, aber wenn Butzi das ein paarmal gemacht hat, wird er es schon lernen. Zumal, wenn es alternativlos ist. Ein Bett zu beziehen ist kein Hexenwerk. Zeigt sich der Angesprochene mit der Müffelbettwäsche nun bockig, dürfen Sie bloß nicht schwächeln. Soll er es doch lassen mit der frischen Bettwäsche. Dann schläft er halt mal monatelang in der alten Bettwäsche. Allerdings allein. Ohne die Freundin. Die darf nämlich so lange nicht kommen, bis er sein Bett bezogen hat. Sie werden merken, Hormone können sehr beflügeln.

Liebe, klare Ansagen, klare Regeln und ein dickes Fell – mehr braucht es für Erziehung nicht. Wer A sagt, muss auch B in Kauf nehmen. Meint: Wer bockt, muss merken, dass das nicht folgenlos bleibt. Sie müssen nicht schon mit einem Vierjährigen alles durchdiskutieren. Sie entscheiden elementare Dinge. Deshalb sind Sie die Mutter. Wenn es draußen schüttet, zieht der Vierjährige die Regenjacke an. Keine Diskussion. Ansonsten bleibt er zu Hause. Er darf abends mitentscheiden, aus welchem Buch vorgelesen wird. Sie entscheiden, wie lange. Kinder kapieren sehr schnell, wie der Hase läuft. Natürlich versuchen sie, egal wie alt sie sind, das Beste für sich herausschlagen, zu verhandeln. Der Versuch ist ja auch legitim. Aber woher sollen Kinder wissen, wo es langgeht, wenn nicht einer vorangeht? Eine klare Haltung, weniger Diskussion und deutliche Ansagen erleichtern Ihr Leben und das Ihrer Kinder.

Wer Abendessen möchte, sollte zur vereinbarten Zeit am Tisch sitzen. Danach hat der Servicebereich leider geschlossen. Sie unterhalten ja keinen 24-Stunden-Drive-in. Wer realisiert, dass solche Ansagen ernst gemeint sind, wird sich sehr schnell daran halten. Das ist nicht rigoros oder autoritär, sondern einfach sinnvoll. Sie sind nicht faul, wenn Sie Dienstleistungen beschränken oder herunterfahren und erwarten, dass Ihre Kinder altersadäquate Leistungen im familiären Gefüge übernehmen. Sie müssen keine gigantischen Geschenke ausloben, nur damit Ihre Tochter mal das Zimmer aufräumt. Auch Sie bekommen schließlich keinen Präsentkorb für Ihre tägliche Arbeit. Es ist keine herausragende Leistung, seine Tasse in die Spülmaschine zu räumen. Es ist normal und angemessen. Wer das nicht einsieht, der kann beim nächsten Mal direkt vom Teller von gestern essen. Natürlich könnten Sie alternativ auch 17-mal „Bitte räum den Tisch ab!" sagen oder immer wieder argumentativ total stichhaltige Gründe anführen, warum es nett wäre, wenn der Tisch abgeräumt würde. Sie können Ihrer Zwölfjährigen vorschlagen, dass sie für jedes Mal Müllrausbringen ein Fleißsternchen bekommt, und sobald sie fünf hat, ihr dann dankesergriffen zehn Euro zahlen oder eine Konzertkarte spendieren. Sie können auch einfach sagen: „Es ist deine Aufgabe, den Müll runterzubringen. Bitte erledige das täglich, bevor du zur Schule gehst." Im späteren Leben wird es nämlich leider auch ohne Fleißsternchen gehen müssen. Da sagt niemand: „Frau Meier, so wie Sie kopiert haben, also das war ja unglaublich tüchtig. Wir werden sofort einen kleinen Umtrunk anberaumen, um Ihre Leistung zu feiern." So funktioniert das Leben leider nicht. Ein 18-Jähriger, der den Führerschein hat und Physik im Leistungskurs, kann es schaffen, eine Waschmaschine zu bedienen und auch mal den Rasen mähen, ohne dafür direkten monetären Ausgleich einzuklagen. Eine Hand wäscht die andere. So geht und funktioniert Familie. Es ist eine Form von Respekt, wenn sich auch die Kinder in irgendeiner Form am Haushalt beteiligen. Respekt ist die Grundlage jedweden Zusammenlebens. Merken Sie sich also: Sie sind kein Lamm, das sich auf dem Familienaltar opfern muss. Sie sind das Leitschaf.

Das Angeberkind

Kaum hat man es rausgepresst, geht es los: Start der Mutti-Olympiade, Teil zwei. Supermuttis brauchen selbstverständlich Superkinder. Man kann nur eine Supermutti sein, wenn das Produkt all der Mühen auch vorzeigbar ist. All die Investitionen müssen sich ja schließlich lohnen. Wir sind Eislaufmuttis, lange bevor Nadine-Chantal überhaupt Schlittschuhe tragen kann. Welches Kind schläft am schnellsten durch, welches kann am frühesten aufs Töpfchen, welches sagt als Erstes Mama? So geht es munter weiter. Es ist wichtig, etwas zu finden, womit man angeben kann. Was auffällt und besonders ist. Durchschnitt verkauft sich nicht gut. Macht in Gesprächen nichts her. Niemand gesteht gerne, dass das eigene Kind zwar ein nettes, liebenswürdiges Wesen, aber letztlich einfach nur ein ganz normales Kind ist. Mittelgut oder mittelschlecht in der Schule, mal frech, mal lieb, ganz hübsch, aber nicht umwerfend schön. Kein zukünftiger Bundesligakicker, kein kleiner Mozart, keine Chance auf eine Teilnahme bei ‚The Voice Kids' oder anderen vermeintlichen Talentshows und im Großen und Ganzen komplett frei von jeglichen Spuren einer Hochbegabung. Taucht man ein in den Mütterkosmos, merkt man schnell, dass man mit einem solchen Kind nicht viel Staat machen kann. Man fühlt sich geradezu verfolgt und umgeben von unglaublich klugen und begabten Kindern. Der kleine Jan, der schon auf Chinesisch bis 20 zählen kann und gerade mal fünf Jahre alt ist. Oder Sandrine, die schon mit knapp drei ihren Namen und ‚Mama' schreibt. Emmy, die so wunderschön singt, dass ganze Altersheime kollektiv zu weinen beginnen, und Miriam, die bei ‚Jugend debattiert' Platz eins an ihrer Schule belegt hat. Simon liest schon Habermas (er ist elf), und selbst die, die in der Schule irre schlecht sind, sind in Wahrheit irre schlau. Man hat ihre Superbegabung nur nicht erkannt. Oder sie können sie dort leider nicht ausleben. Sie werden eben nur nicht so gefördert, wie sie es verdient hätten. Oder sie haben ADHS oder Dyskalkulie oder was auch immer es an exzellenten Umschreibungen für ein Genie im Werden gibt.

Niemals zuvor haben so viele Eltern ihre Kinder für hochbegabt gehalten. Natürlich gibt es hochbegabte Kinder. Aber eben nur sehr wenige. Leben wir tatsächlich in einem Zeitalter der plötzlichen Hochbegabtenschwemme, oder wollen wir einfach nicht, dass unsere Kinder im Sumpf der Normalität untergehen? Wunderkinder gelten heute nicht als Wunder, sondern sind ein Produkt ihrer immerzu bemühten Eltern, die durch frühzeitige Förderung das Maximale aus dem vorhandenen, natürlich exzellenten Potential herausholen. Jeder, wie er mag, kann man dazu natürlich ganz entspannt sagen. Könnte man. Denn die ‚Kinderangeberei' hat etwas Ansteckendes, sie lähmt und weckt Erwartungen, die garantiert nicht erfüllt werden. Man fragt sich insgeheim, warum man anscheinend die Einzige ist, deren Kinder ziemlich gewöhnlich sind, und grämt sich ein wenig. Davon mal abgesehen, ist Kinderangeberei auch noch sterbenslangweilig.

Wen, außer vielleicht die Eltern und eventuell die gutwilligen Großeltern, interessiert es, dass Torben im Diktat mit ungelernten Wörtern die zweitbeste Arbeit seiner Klasse geschrieben hat? Auch als Mutter darf und sollte man noch über andere Dinge sprechen. Supermuttis sind oft nur noch Muttis. Das ist sehr öde. Ich verstehe, dass man seine Kinder gerne mal glorifiziert, aber wie viel Druck würde es aus unser aller Leben nehmen, wenn wir einfach mal bei der Wahrheit blieben. Mal zugeben, wie sehr uns die Pubertät von Oliver schlaucht, dass wir kurz davor sind, unsere Jüngste, die ständig zickt, zur Adoption freizugeben. Und dass Karl-Philipp anscheinend den IQ einer Tiefkühlerbse oder sich sein bisschen Klugheit weggekifft hat, weil er noch nach monatelanger teurer Nachhilfe nicht mal die einfachste Gleichung lösen kann. Manchmal, wenn man sehr betrunken oder sehr verzweifelt ist, dann kommt sie raus, die schmutzige Wahrheit. Und erstaunlicherweise sind dann alle sehr froh. Man darf auch mal über die eigenen Kinder lästern. Man darf auch an den eigenen Kindern mal was kritisieren. Man hat keine unfehlbaren Heiligen mit Superhirn auf die Welt gebracht. Superkinder zu erwarten oder durchschnittliche Kinder zu Superkindern aufzurüsten oder sich andauernd alles schönzureden ist irrsinnig anstrengend. Besonders auf die lange Strecke und auch für die Kinder. Und die Angeberei nervt. Selbst wenn Sie wirklich fantastische, irrsinnig begabte Kinder haben, die überdies noch sehr hübsch aussehen (so wie meine übrigens), halten Sie einfach mal die Klappe. Es macht Sie nicht toller, wenn Sie mit Ihren Kindern hausieren gehen. Nicht alles ist Ihr Verdienst. Genauso wenig, wie alles Ihre Schuld ist. Manchmal hat man einfach nur Glück gehabt. Oder eben Pech.

Und mal ehrlich: Was ist eigentlich so schlecht an ganz normalen Kindern?

Ich bin ja selbst frei von Hochbegabung (meine Eltern haben auch niemals anderes vermutet) und habe dennoch ein sehr schönes Leben.

Ciao, ciao Bambini!

Irgendwann ist auch mal Schluss. Es gibt eine Deadline. Nicht nur für Manuskriptabgaben, Gutscheine, Masterarbeiten, Gewinnspiele, Referate und Anmeldungen. Auch für Aufzucht, Erziehung und vor allem Finanzierung. Irgendwann kann dieses Kapitel weg. Selbst wenn man es zu Anfang kaum glauben und zu hoffen wagt: Irgendwann sind alle Kinder groß. Irgendwann müssen sie es schaffen, auf eigenen Füßen zu stehen. Irgendwann sind sie selbst für ihr Leben verantwortlich. Auch für ihre Finanzen. Irgendwann muss Klein-Anna raus in die Welt. Auch dann, wenn es daheim noch so kuschelig ist. Auch dann, wenn man nie mehr einen so Eins-a-Service genießen wird wie bei Mutti.

Falls das Kind das Vorzeigeprodukt und Ergebnis all des Mütterschaffens ist. Es loszulassen – und somit ins raue Leben zu entlassen – kann sehr schwer sein. Vor allem ‚Nur-Mütter' stürzen da in eine Krise. In eine selbst erklärte Bedeutungslosigkeit. Was nun, wenn die Lebensaufgabe auf einmal die Flatter macht? Nicht jammern und vor allem nicht klammern. Klammern bringt nicht etwa mehr Nähe, sondern bezweckt eher das Gegenteil. Kinder sind nun mal keine Hunde. Irgendwann sind sie in der Lage, eigenständig für Nahrung zu sorgen, sie zuzubereiten und auch das Geld dafür zu erarbeiten. Dann brauchen sie auch keine Leine mehr. Und auch keine Mutti, die ihnen die Wäsche gewaschen und gebügelt vorbeibringt. Inklusive einem Wochenvorrat an Vorgekochtem. Loslassen klingt so einfach und ist für viele doch so schwer. Eltern haben einen fatalen Hang zum ‚Sich-Sorgen'. ‚Was, wenn …'-Fragen bestimmen ihr Leben. Keine Kontrolle mehr ausüben zu können erscheint bedrohlich. Natürlich kann immer etwas passieren, trotzdem ist es wichtig, zu begreifen, dass es ein bisschen wie bei den Kängurus ist. Die tragen ihre Jungen etwa ein halbes Jahr im Beutel. Mit circa acht Monaten sind sie dafür aber zu groß und stecken nur noch gelegentlich ihren Kopf in den Beutel, um einen Schluck Milch zu nehmen. Mit einem Jahr ist auch das erledigt. Irgendwann ist also der Moment gekommen, die Kinder aus dem Beutel zu lassen, auf dass sie gestärkt und munter in die Welt hüpfen können.

Später ist früher, als man denkt

Früher konnten wir nicht schnell genug aus dem ‚Beutel' kommen. Wir wollten nur eins, endlich raus von zu Hause und rein ins pralle Leben. Weg von Mama und Papa, möglichst ganz weit weg. Keine Kontrolle mehr, keine Vorschriften mehr. Niemand, der sagt, was man zu tun und – vor allem – zu lassen hat. Heute gibt es faszinierenderweise gegenteilige Tendenzen. Kinder, die altersmäßig längst keine mehr sind, haben überhaupt keine Probleme damit, auch mit Ende 20 noch ihre Beine unter Papas und Mamas Tisch zu strecken. Vor allem Jungs bleiben sehr gerne sogenannte Nesthocker. Mit 25 Jahren leben noch etwa 34 Prozent der Jungs bei Mutti und zwölf Prozent aller 30-Jährigen zu Hause – selbst bei den 40-Jährigen sind es immer noch vier Prozent. Zu fantastisch ist das heimische Angebot.

Dora hat so einen Sohn und bekommt so langsam Bedenken, dass er demnächst zu den vier Prozent gehört und sie ihn niemals loswird. Ihr Mike ist 27 und denkt gar nicht daran, auszuziehen. ‚So viel Platz kann ich mir selbst gar nicht leisten, hier ist der Kühlschrank immer gefüllt, Mama macht meine Wäsche, bügelt die Hemden – und ich muss nicht einen Euro dafür zahlen. So einen Lebensstandard hätte ich allein nicht annähernd. Das würde ja alles ein Saugeld kosten. Da hätte ich ja kaum mehr was für meine Freizeit und Hobbys. Und fürs Ausgehen. Da wäre ich ja verdammt blöd, wenn ich ausziehen würde. Sie stört mich ja nicht, die Mutti.' Dora, die anfangs sehr geschmeichelt war, dass ihr Mike gerne bei Mami bleiben wollte, ist mittlerweile manchmal fast schon genervt. Aber auch nur fast. So sieht sie ihren Mike immerhin regelmäßig. Und sollte er tatsächlich ausziehen, weiß sie sehr genau, wer die Wohnung mit suchen und einrichten müsste. Wie soll er das auch allein schaffen? Auch das mit dem Putzen? Er hat da ja überhaupt keine Erfahrung. Und finanzieren müsste sie das Ganze ja dann auch noch. Klar verdient Mike inzwischen, halt nicht genug, um sich was wirklich Hübsches zu leisten. Außerdem macht Mike ja den Segelflugschein, und das kostet einen ganz schönen Batzen Geld. Er hat halt seine Ansprüche, ihm ist Qualität wichtig, und irgendwie kann das Dora auch verstehen. Immerhin bewohnt Mike seit Jahren den gesamten Dachbereich mit eigenem Bad und einer hübschen Ankleide. Er kann sich ja nahezu nur verschlechtern, wenn er tatsächlich auszieht, und ist das wirklich zumutbar und sinnvoll? Vom Problem mit dem Auto mal ganz abgesehen. So nimmt er zumeist das von Dora, die es ja nur selten braucht und auch kein Problem damit hat, mal mit dem Bus in die Stadt zu fahren. Sie hat ja Zeit. Und Mike hat einen so weiten Weg zur Arbeit: Wenn er mit dem Auto fährt, kann er morgens eine gute Stunde länger schlafen, und junge Menschen brauchen eben noch viel Schlaf.

Wir haben uns mit der Haltung, Kindern auf keinen Fall irgendwas zuzumuten, ziemlich verzogene Wesen herangezüchtet. Jemand, der 20 Jahre von vorne bis hinten bedient wurde, wird mit 21 Jahren nicht über Nacht zum bescheidenen, selbstverantwortlichen Menschen. Die Standards, die wir setzen, sind die, mit denen unsere Kinder dann auch weiter leben wollen. Es ist ein bisschen so, als würde die Kängurumutter den Beutel vergrößern, mit Heizung und Klimaanlage ausstatten und ein 24/7-Catering anbieten. Für den Dauer-Beutelhocker und all seine kleinen Kumpels. Zu Recht überlegt sich da der Nachwuchs, worin eigentlich der Benefit seines Auszugs liegen soll …

Den kannte ich, als ich in dem Alter war, nur zu gut. Er war immerhin verlockend genug, dass ich ganz dringend eine eigene Wohnung wollte. Endlich raus aus dem elterlichen Herrschaftsbereich. Niemand mehr, der sonntags, um sieben!!!, in mein Zimmer platzte und meinte, es sei höchste Zeit, aufzustehen. Dann dauernd diese Untertitel zu meinem Leben – wie ich wann was zu tun habe. Das hinter mir zu lassen und ENDLICH auf eigenen Füßen zu stehen, dafür nahm ich gern Bedingungen in Kauf, die manche Mütter heute für ihren Nachwuchs als unzumutbar empfinden würden. Ich bin direkt nach dem Abitur ausgezogen. Mit wenig Geld. Mein Vater hat den BAföG-Höchstsatz bezahlt und sich wenig Sorgen darüber gemacht, ob damit ein bequemes Leben finanzierbar war. Meine erste Wohnung habe ich selbst gesucht, und das Klo war auf dem Gang. Als ich zu Hause gejammert habe, dass es weder Telefon noch Waschmaschine gibt und das im schmalen Budget auch nicht drin sei, meinten meine Eltern nur: „Es gibt Münzwaschsalons und Telefonhäuschen." Damit war das Gespräch beendet. Obwohl ich wahre Horrorszenarien heraufbeschworen hatte. Bei schwerer Krankheit allein ohne Telefon? Oder bei Einbruch? „Du bist jung und pupsgesund, und niemand steigt bis in den sechsten Stock eines Altbaus, um bei einer mittellosen Studentin einzubrechen!", hat mein Vater gekontert. Es gab auch keine Chance, am Wochenende nach Hause zu kommen und Wäsche abzugeben oder schnell mal die Gefriertruhe zu plündern. „Ausgezogen ist ausgezogen!", hat meine Mutter knallhart gesagt und deshalb, soweit ich weiß, nicht eine schlaflose Nacht gehabt. Der Beutel war einfach zu. Für meine Eltern war klar: Handeln – also der Auszug – hat Konsequenzen. Wer allein lebt, muss sich selbst um seinen Kram kümmern.

Ich habe tatsächlich überlebt und auch – wie man weiß und oft genug gesehen hat – mehr als ausreichend Nahrung zu mir genommen. Natürlich war das relativ radikal, aber es hat zu einer Stärkung des Sozial-Immunsystems, zu einer Art Lebenshornhaut beigetragen. Es war, davon gehe ich jedenfalls mal wohlwollend aus, noch nicht mal unfreundlich gemeint. (Davon mal abgesehen, wusste ich: In der Not sind meine Eltern für mich da.)

Erwachsenen-Führerschein

Fürsorge ist selbstverständlich eine wunderbare Sache. Zu viel davon kann schädlich sein. Wie bei fast allem im Leben ist es eine Frage der Dosis. Kümmern ja, verhätscheln nein. Muten Sie Ihren Kindern ruhig mal was zu. Oft genug pochen schon 16-Jährige darauf, selbst Entscheidungen zu treffen. „Ich bin alt genug!", heißt es dann. Oder: „Ich lasse mir das nicht vorschreiben!" Aber: Wer wie ein Erwachsener behandelt werden will, sollte sich irgendwann mal auch wie ein Erwachsener benehmen. Man ist eben nicht automatisch mit dem 18. Geburtstag erwachsen. Wir wollten damals unbedingt erwachsen sein. Weil Erwachsensein viel bedeutet hat. Wir haben es geradezu herbeigesehnt. Heute haben viele junge Leute längst alle Rechte, allerdings keinerlei der unangenehmen Erwachsenenpflichten. Sie können tun und lassen, was sie wollen, ohne irgendetwas dafür zu tun. Vollpension mit Vollpflegestufe – und das zum Nulltarif. Sie werden wie Gleichrangige auf Augenhöhe behandelt, sind es aber nicht. Wer erwachsen sein und ernst genommen werden will, muss sich gefälligst auch mal so verhalten. Natürlich sollten Eltern Hilfe für den Problemfall anbieten, da sein, wenn es wirklich um was geht. Als Gesprächspartner. Als jemand, den man um Rat fragen kann, als jemand, der tröstet, doch nicht als derjenige, der ständig irgendwo die Kohlen aus dem Feuer holt und unangenehme Dinge regelt: Wohnungen sucht, einrichtet, das Auto reparieren lässt und bei der Uni anruft, um sich nach der Prüfungsordnung zu erkundigen.

Wenn man das durchzieht, kommt man sich manchmal hart vor. Aber ein Praktikum zu ergattern, für das man sich selbst beworben hat, ohne Beziehung und Muttis Hilfe, macht einen ganz anders stolz. Als meine Tochter mit 22 Jahren in Valencia auf Wohnungssuche war und nach drei Tagen unter Tränen angerufen und gesagt hat, dass sie immer noch keine Wohnung hat und das Hostel auf Dauer viel zu teuer ist, tat mir das wirklich leid. Ich habe sie getröstet und ihr Mut zugesprochen. Trotzdem bin ich nicht in den nächsten Flieger gestiegen oder habe das monatliche Salär erhöht. Ich hatte Vertrauen, dass sie das schafft, und habe keine Horrorszenarien von meinem Kind unter der Brücke heraufbeschworen. Nach fünf weiteren Tagen ist sie in einer WG untergekommen. Ohne Muttis Hilfe. Kinder können sehr viel mehr, als man denkt. Man muss sie nur machen lassen und ihnen die Chance geben, erfolgreich zu sein. Erfolge fühlen sich anders an, sobald man sie allein bewerkstelligt. Heutzutage rufen, zum Entsetzen der Unimitarbeiter, Mütter in den Universitäten an, um sich zu erkundigen, warum ihr Kind durch eine Klausur gefallen ist. Das geht zu weit. Das ist nicht Ihr Job. Lassen Sie das!

Schwimmhilfen

Wenn Sie erwachsene Kinder wollen, müssen Sie was dafür tun. Vor allem auch: einiges lassen. Dienstleistung runter, Ansprüche rauf. Dann wird das schon, und eines Tages gehört Ihre Wohnung wieder Ihnen. Alles schön und gut, aber was ist, wenn's am Geld scheitert? „Ausziehen muss man sich erst mal leisten können!", stöhnt Natascha. Ihre Tochter wäre ja gewillt auszuziehen, allerdings fehlt es an einer wichtigen Voraussetzung: dem Geld. Man vergisst oft, dass Kinder auch zu Hause Geld kosten. „Aber die Miete zahle ich ja eh!", sagt Natascha. Klar, also entweder verdient ein Kind in der Lehre schon ein wenig, oder es gibt BAföG oder Nebenjobs oder ein duales Studium. Oder Eltern, denen der Auszug ein wenig Geld wert ist. Es gibt Mittel und Wege. Die erste Wohnung muss ja auch nicht direkt ein Penthouse in Bestlage sein. WG-Zimmer und Studentenheime sind durchaus angemessene Unterkünfte, schon um retrospektiv mal die Annehmlichkeiten zu Hause schätzen zu können. Es gibt kein Grundrecht auf Fernseher oder Designercouch. Niemand braucht als Grundausstattung einen Thermomix und einen Entsafter. Und warum muss eine Wohnung einen Balkon haben? Man kann zu Beginn auch mal sehr kleine

Brötchen backen. Tassen müssen nicht zusammenpassen, und wenn ‚ELLE Decoration' beim Anblick des Erstwohnsitzes in Schnappatmung gerät – was soll's? Alles ist steigerungsfähig.

Dass man an vielen Tagen sein Zuhause und das ganze Drumherum schmerzlich vermisst, gehört zur ersten eigenen Bude dazu. Dafür kann man stundenlang im Bett liegen bleiben, ohne dass eine betont heitere Stimme ruft: „Wie lange willst du denn noch schlafen, da draußen ist herrliches Wetter?!" Man muss nur aufräumen, wenn man den Wohnungsausgang nicht mehr findet oder selbst den dringenden Impuls verspürt. Man kann wochenlang im Bett essen oder mitten in der Nacht oder auch gar nicht. Man kann sich ins Bett holen, wen immer man will, und muss nicht fürchten, dass Mutti am nächsten Morgen sofort den Stammbaum prüfen möchte oder auf ein ‚gemütliches gemeinsames Frühstück' besteht. Man kann Sex auf dem Küchentisch haben. Man kann machen, was man will. Man ist erwachsen. Jedenfalls fast. Wirklich erwachsen ist man erst, wenn man sein Erwachsenenleben auch selbst finanzieren kann.

Solange man in der Ausbildung steckt, ist finanzielle Unterstützung angebracht, aber irgendwann sollte auch das erledigt sein. Es ist ein bisschen wie mit dem Schwimmenlernen: Anfangs machen Sie die Kinder spielerisch mit dem Wasser vertraut. Dann gibt es kleine Schwimmflügelchen, und Sie planschen munter mit, um dem Nachwuchs die Angst vor dem Wasser zu nehmen. Dann lässt man ein wenig Luft aus den Flügelchen, ganz langsam, nach und nach, und ermutigt das Kind, die ersten Schwimmzüge zu wagen. Zusätzlich kann man einen Schwimmkurs buchen. Irgendwann hat das Kind das ‚Seepferdchen'-Abzeichen und zieht geradezu ekstatisch seine ersten unsicheren Bahnen. Sollte das nicht klappen, übt man eben weiter und finanziert zur Not auch noch weitere Kurse und ein Psycho-Coaching. Aber dann sollte es irgendwann so weit sein. Das Kind ist wassertauglich und kann schwimmen.

Sie können die Flügelchen entsorgen. Bei manchen Kindern klappt das schneller, bei manchen dauert es ein wenig länger. Aber irgendwann sind die Flügelchen Geschichte.

So sollte das auch mit den Geldzuwendungen, also der Kinderfinanzierung sein. Alles hat mal ein Ende. Nur das Drama einer Endlos-Versorgung nicht. Ich kenne 50-Jährige, die sich immer noch hauptsächlich von Mama und Papa sponsern lassen. Die nicht annähernd genug Geld verdienen, um ihr Leben zu finanzieren. Das hängt nicht etwa an widrigen Umständen oder mangelnder Ausbildung oder anderen bemitleidenswerten Vorkommnissen. Es gab keine herzzerreißenden Schicksalsschläge oder gemeine Entlassungen. Sie mussten sich nur einfach nie wirklich um ein Einkommen mit Auskommen bemühen. Weder jetzt noch früher. Sie wussten immer um den gigantischen Mutti/Papi-Rettungsanker. Sie haben einfach keine Lust, mehr als zwei oder höchstens drei Tage zu arbeiten. Es langweilt sie. Bringt ihnen nichts. Also tragen sie weiterhin ihre Flügelchen, prall aufgepumpt, obwohl sie bei allem, was in sie investiert wurde, längst Marine-Kampfschwimmer sein müssten. Und diese dauerhafte finanzielle Unterstützung macht sie nicht zu glücklicheren und unbeschwerteren Menschen, weil sie insgeheim natürlich wissen, dass da irgendwas verdammt schiefläuft. Die Flügelchen können weg. Egal wie viel oder wenig Geld Sie haben. Selbst sehr, sehr reiche Menschen wie Bill Gates, der über mehr als 88 Milliarden Dollar verfügt, sagt: „Meine Frau und ich glauben, dass man seinen Kindern keinen Gefallen erweist, wenn man sie mit Geld überschüttet, das sie nicht selbst verdient haben. Meine Kinder sollen ihr eigenes Leben gestalten. Ich werde ihnen allerdings eine gute Ausbildung finanzieren. Ich hoffe und denke, meine Kinder verstehen das." Also, weg mit dem schlechten Gewissen, wenn Sie den Geldhahn mal ein wenig drosseln. Es ist Ihr Geld. Sie entscheiden, was Sie damit tun. Sie sind nicht geizig, wenn Sie mal Nein sagen.

Lehrerbashing

Angelika kann mal wieder nicht an unserem monatlichen Frauenabend teilnehmen. „Wir schreiben morgen Mathe!", stöhnt sie und verdreht die Augen. Angelika ist 47 und hat unlängst ihr 28-jähriges Abiturjubiläum gefeiert. Doch momentan durchläuft sie sehr ambitioniert ihre zweite Schulkarriere. Diesmal nicht im Klassenzimmer (aber nur weil das einfach nicht gestattet ist!), sondern in der zweiten Reihe. Als top engagierte Mutti einer 13-jährigen Tochter. Angelika ist eine echte Helikoptermama. Sie fährt Pamela in die Schule, sie kontrolliert jede Klassenarbeit noch mal nach und hat schon dreimal in den letzten Jahren Fehler gefunden. Dreimal! Korrekturfehler des Lehrpersonals. „Skandalös!", findet das Angelika. Als es einmal zu Ungunsten ihrer Tochter war, ist Angelika auch direkt am nächsten Tag zum Lehrer. Ihr Mann konnte sie gerade noch davon abhalten, den zuständigen Oberstudienrat nicht schon nachts aus dem Bett zu klingeln, um ihn mit seinem Schnitzer zu konfrontieren. „Und ihr werdet es kaum glauben", erzählt sie nach dem Zusammentreffen, „der war noch nicht mal besonders beschämt, als ich ihm seine Nachlässigkeit beweisen konnte! ‚Macht doch keinen Unterschied in der Note', hat er nur geknurrt." Aber Angelika war beharrlich, und so wurde aus der Drei doch noch eine glatte Drei. „So etwas kann auf lange Strecke das i-Tüpfelchen sein, kampfentscheidend geradezu", hat uns Angelika mit Stolz und glänzenden Augen erklärt. So enthusiastisch, als wäre gerade bekannt geworden, dass es jetzt mit der Gleichberechtigung noch vor unserem Ableben was wird. Natürlich hat Angelika darüber auch noch mal mit dem Rektor der Schule gesprochen. Überhaupt setzt sie inzwischen den Schuldirektor immer in cc, wenn sie einem Lehrer eine Mail schreibt. Sie kann nicht verstehen, dass Cathy sie deswegen Petze genannt hat. „Hier geht es um unsere Kinder!", sagt Angelika gerne mit sehr viel Pathos in der Stimme, sobald andere ihre Aktionen übertrieben finden. Und es gibt viel an der Schule, was Angelika in Rage versetzt. Lehrer sind für sie ein einziges großes Ärgernis und zumeist Fehlbesetzungen. „Lehrer sind diejenigen, die über die Zukunft unserer Kinder bestimmen", lautet ihr Credo, „denen muss man beständig auf die Finger schauen."

Für die Angelikas dieser Erde gibt es eine einfache Gleichung: Heute schlechte Noten, morgen Hartz IV. „Ohne Abi geht heutzutage gar nichts mehr!", argumentieren viele Eltern. Ist das wirklich so? Muss jedes Kind aufs Gymnasium? Wer soll dann irgendwann unsere Stromleitungen verlegen, unsere Häuser bauen, unsere Autos reparieren, uns im Krankenhaus pflegen oder Brötchen backen? Kann man nicht auch als Handwerker, Angestellter oder Automechaniker ein feines und glückliches Leben führen? Ist die Entscheidung, ob man es nach der vierten Klasse aufs Gymnasium schafft, wirklich die lebensentscheidende Weiche? Lohnt es sich, Acht- bis Zehnjährigen einen so immensen Druck zu machen?

Nicht für Geld und gute Worte wollte ich heutzutage Lehrerin sein. Da könnte man mir noch sechs weitere Wochen Sommerferien bieten. Ich habe inzwischen sogar sehr viel Mitleid mit diesem Berufsstand. Keine Berufsgruppe – außer vielleicht die der Politiker – muss sich so viel Kritik anhören. So viel Häme. Und so viel Neid. All die Ferien, das kurze Studium, und dann können die auch noch machen, was sie wollen. Ohne jegliche Kontrolle. Jeder, der das Wort Schule einigermaßen fehlerfrei buchstabieren kann, maßt sich an, Lehrer zu beurteilen. Dabei ist doch klar: Natürlich gibt es gute und schlechte Lehrer. So, wie es gute und schlechte Internisten gibt. Oder Friseure. Oder Makler. Oder Maler und Lackierer. Oder Busfahrer. Aber – werden Sie jetzt einwenden – Friseure und Internisten kann ich mir zumindest aussuchen. Kann gucken, mit wem ich am besten zurechtkomme, wer seine Arbeit nach meinem Geschmack erledigt. Angelika kann sich auch darüber stundenlang ereifern: „Alle Dienstleister müssen sich bemühen, um erfolgreich in ihrem Beruf zu sein, alle – außer den Lehrern. Und ausgerechnet die werden auf unsere unschuldigen Kinder losgelassen." Hier liegt der erste kleine Denkfehler. Lehrer sind keine Dienstleister im klassischen Sinne. Wir bezahlen sie nicht direkt, sondern über unsere Steuern. Sie arbeiten nicht für uns, sondern für die Gesellschaft, die irgendwann mal beschlossen hat, dass Kinder eine Schulpflicht haben. Lehrer müssen erziehen, Wissen vermitteln und bewerten, und das kann nicht immer zu unserer Zufriedenheit ausfallen. Und darum geht es bei Dienstleistung. Um Kundenzufriedenheit. Nur: Schüler sind keine Kunden. Sie sind Schüler.

Und, ja es stimmt, man kann seine Lehrer nicht aussuchen. Aber das Gute: Man hat ja auch nicht nur den einen, von dessen Wohl und Weh das gesamte weitere Leben abhängt. In einem Schülerleben trifft man auf viele Lehrer. Auf Lehrer, mit denen man gut klarkommt, Lehrer, die einen mögen, und Lehrer, die einen nicht mögen. Lehrer, die man toll findet, und Lehrer, die man hasst. Engagierte Lehrer und solche, die seit Jahren stoisch dasselbe minimalistische Programm abspulen. Das war schon immer so, und schon immer gab es darüber Gejammer.

Meine Lateinlehrerin hat mich wirklich nicht leiden können. Ob es daran lag, dass ich ziemlich frech war oder sehr schlecht in Latein, oder ob sie irgendwas anderes an mir einfach nicht mochte, weiß ich nicht. Es war mir auch relativ egal. Ich konnte sie ja auch nicht leiden. Und ihr Fach Latein schon gar nicht. Zweimal wäre ich wegen ihr fast sitzen geblieben. Bei genauerer Betrachtung natürlich nicht wegen ihr, sondern wegen meiner unterirdischen Leistungen in Latein. Trotzdem wären meine Eltern niemals in die Schule gerannt, um über meine Note zu verhandeln. Das war mein Arbeitsbereich. Ich war für die Lateinfünf verantwortlich. Als ich nach einem sehr langen und sehr zähen Sommer, in dem ich die kompletten Ferien Latein gelernt hatte, tatsächlich die Nachprüfung bestand und nicht sitzen blieb, war es mein Verdienst und nicht das meiner Eltern. Die haben nicht mal Nachhilfe bezahlt. Meine Mutter hat mir zu Ferienbeginn die Bücher ins Zimmer geworfen und mir ironisch ‚schöne Ferien' gewünscht. Meine Eltern haben nicht gemeckert, keine Horrorszenarien heraufbeschworen, keinen Druck gemacht, mich aber auch kein Stück bedauert. Es war einfach meine Sache. „Wenn du sitzen bleibst, musst du halt ein Jahr länger zur Schule gehen!", hat meine Mutter nur gesagt. Dass ich darauf wenig Lust hatte, hat sie wohl geahnt.

Einfach unverbesserlich

Heutzutage kreisen Helikoptereltern ausgiebig über dem Planeten Schule. Natürlich dürfen sich Eltern für die Schullaufbahn ihrer Kinder interessieren. Niemand hindert sie daran, mit Lehrern zu sprechen und Ratschläge einzuholen. Sie dürfen sich engagieren und auch Kritik üben. Das wird sogar gefordert und begrüßt. Aber was inzwischen an deutschen Schulen zum Standard gehört, ist heller Wahnsinn und wäre in keinem anderen Berufsbereich vorstellbar. Da klagen Eltern mit Rechtsanwalt, weil ihr kleiner Liebling in Mathe im siebten Schuljahr keine Zwei, sondern nur eine Drei erreicht hat. Unverdient, wie sie finden. Da werden Gerichte bemüht, um über diese schreckliche Lappalie zu entscheiden. Das kostet Geld, Kraft, Zeit und bringt – rein gar nichts. Gerechtigkeit an Schulen ist nichts, was man einklagen kann. Mal davon abgesehen, dass es für die berufliche Laufbahn des kleinen Lieblings völlig wumpe ist, welche Mathenote er in Klasse sieben hatte. Es gibt im Leben Dinge, die Sinn machen, und Dinge, die einfach nur albern und lächerlich sind. Genauso wie es Zumutbares gibt und Unzumutbares. Natürlich ist es unverschämt, wenn ein Lehrer zu

Karl, 15, Gymnasialschüler sagt: „Ich glaube nicht, dass du so jemals Abitur machst." Aber bringt es jetzt was, wenn Sie direkt wie eine Mütterfurie auf Speed hinfahren und sich den feinen Herrn Lehrer mal richtig vorknöpfen?

Ja, wieso eigentlich nicht? Aber man sollte dringend warten, bis die Wirkung des Speed deutlich nachgelassen hat. Dann kann und sollte man vielleicht auch den Lehrer auf diese Äußerung ansprechen – ihn fragen, was er sich bitte dabei gedacht hat. Manchmal ist man erstaunt, was man bei solchen Gesprächen erfährt. Was einer solchen, sicherlich bescheuerten Äußerung vorausgegangen ist. Es gibt, wie fast überall im Leben immer zwei Seiten. Karl hatte wohl vergessen, daheim zu erwähnen, dass er zuvor zum Lehrer gesagt hat, dass er gar kein Abitur braucht, weil er eh einen Arsch voll Geld erben wird – sehr viel mehr, als so ein studierter Lehrer je verdient. Auch unsere Kinder erlauben sich die ein oder andere Unverschämtheit und sind nicht immer die kleinen Unschuldslämmchen, für die wir sie gerne halten. Mir hat eine Grundschullehrerin neulich erzählt, dass immer mehr Eltern, wenn man ihnen schildert, was ihre Kinder getan haben, einfach antworten: „Das macht meine Tochter nicht." Fertig. Gespräch beendet. „Mich hat ein Elfjähriger ‚blöde Fotze' genannt und mir direkt gesagt, dass seine Mutter eh zu ihm hält, egal was ich behaupte. Dabei hat er mir richtig frech ins Gesicht gegrinst und noch mal ‚Fotze' gesagt." Sie war ziemlich fassungslos. Viele Kinder wissen, dass Mutti, egal was sie angestellt haben, egal wie frech und unverschämt sie waren, immer auf ihrer Seite stehen wird.

Als ich früher ziemlich regelmäßig nachsitzen musste, weil ich vorher geschwänzt hatte oder irgendwie frech war, hat das meine Eltern nicht besonders gekümmert. Sie wären niemals in die Schule gefahren, um den Lehrer zu rüffeln und ihn dafür verantwortlich zu machen. Ihr Kommentar: „Das wird schon seinen Grund haben." Ehrlich gesagt, wusste ich auch fast immer, wofür ich nachsitzen musste. Es wäre mir auch ziemlich peinlich gewesen, wenn meine Eltern wegen so etwas zum Lehrer gerannt wären. Es war nicht immer alles gerecht, aber in der Summe zumeist schon. Mal hatte ich Glück – und mal eben Pech.

Davon mal abgesehen, nicht nur Ihr Augenstern muss sich eine Menge in der Schule gefallen lassen, auch für das Lehrpersonal läuft es nicht immer rund. Lehrer haben kaum Sanktionsmöglichkeiten. Aber auch Lehrer haben Nerven. Und die sind nicht bei allen gleich gut. Bei all ihrer pädagogischen Ausbildung haben sie manchmal auch einfach nur die Faxen dick. Sie sind keine übermenschlichen Wesen. Sie mögen manche sicher lieber als andere. Wie jeder Mensch. Aber so wird es ein Leben lang bleiben. Nicht jeder Chef wird in Ihr Kind vernarrt sein. Nicht jeder Vorgesetzte wird ihm gefallen. Sich auch mal durchkämpfen zu müssen schult die Frustrationstoleranz, die ein essentieller Punkt im Leben ist. Wie sollen Kinder langfristig zurechtkommen, deren Mütter bei jeder Kleinigkeit in die Schule rennen, um Dinge zu regeln, die ein 14-Jähriger auch sehr gut selbst klären könnte?

Angelika findet es furchtbar ungerecht, dass Herr Maier, der Physiklehrer ihrer Pamela, bei der mündlichen Note nicht berücksichtigt, wie schüchtern ihre Tochter ist, und sie deshalb oft unwillig wirkt. Dabei will sie ja insgeheim. Das muss der doch merken, findet Angelika. Wird sie später beim Bewerbungsgespräch ihrer Tochter auch nachher anrufen und sagen: „Ja, sie hat nicht so gewirkt und vielleicht auch kaum was gesagt, aber eigentlich ist sie echt heiß auf den Job. Das Unwillige ist nur Fassade, sie ist nur ein wenig scheu."

Neulich gab es große Aufregung rund um die Bundesjugendspiele. Da würden Kinder angeblich gedemütigt. Kinder, die nicht sportlich seien, würden lebenslang unter diesem einen Tag im Jahr leiden. Wochenlang vorher schon schlecht schlafen.

Mal ehrlich, ich habe die Bundesjugendspiele wirklich gehasst. Nicht mal gedopt hätte ich eine Chance auf eine Ehrenurkunde gehabt. Ich konnte mit viel Mühe leidlich werfen, aber wer mich hat weitspringen sehen, den hat es gegraust. Es hat nicht viel gefehlt, und der Lehrer hätte gefragt, ob ich schon abgesprungen sei. Vom Laufen mal gar nicht zu reden. Ich hatte keinerlei Talent für Leichtathletik, allerdings hat es mich auch nicht besonders gekratzt. Gedemütigt schon gar nicht. Warum auch? Man muss nicht aus allem eine große Sache machen, und man muss eben lernen, dass man nicht alles können kann. Das ist wichtig und gehört zum Leben dazu. Selbst bei den Olympischen Spielen bekommt nicht jeder eine Medaille, nur weil er mitgemacht hat. Wettkämpfe laufen anders. Manche sind schlecht im Sport, manche in Kunst, manche können noch nach sechs Jahren Englisch kein ‚Ti-äitsch' aussprechen, und manche sind schon mit den Grundrechenarten am Rande ihrer mathematischen Fähigkeiten. Talent ist nicht immer gerecht verteilt, und nicht jeder kann alles. Meine Eltern haben mich trotz einiger defizitärer Bereiche immer geliebt.

Es gibt Angelegenheiten, die Kinder sehr gut allein regeln können. Natürlich ist die Schule kein Hort der Gerechtigkeit. Nicht mal die Kirche ist es. Wie denn auch? Hier wie dort arbeiten Menschen. Menschen, egal welcher Berufsgruppen, machen leider auch Fehler. „Aber Lehrer sollten berufen sein!", fordern Eltern. Eine normale Berufsqualifikation, die in jedem anderen Beruf absolut genügt, ist hier leider nicht ausreichend. Lehrer stehen mit ihrer gesamten Persönlichkeit zur Disposition. Sie sollen fachlich die beste Kompetenz haben, empathisch sein, liebevoll, aber doch mit der nötigen, angenehm dosierten Strenge, sollen sich nicht auf dem Kopf rumtanzen lassen, aber auch keine autoritären Stoffel sein. Sie sollen angenehm aussehen, aber natürlich auch nicht zu gut, damit Butzi nicht etwa abgelenkt wird. Mit anderen Worten: Sie können eigentlich nur scheitern. Niemand kann so einem Wust von Anforderungen gerecht werden.

Maren hat dabei ganz andere Probleme mit der Schule: „Was heute in der Schule vermittelt wird, ist doch unnötiger Kram: Wozu lesen die Goethe und machen Stochastik in Mathe? Was soll man später mit Chemie und Opernanalysen? Wäre es nicht sehr viel sinnvoller, wenn Kinder lernen, wie man seine Steuererklärung ausfüllt, seinen Computer programmiert und ordentlich isst?" Aber was bitte soll die Schule denn noch so erledigen? Es geht in der Schule nicht darum, die Kinder alltagstauglich zu machen. Es geht um Bildung. Und da gehört es bei Gymnasialschülern eben auch dazu, mal Goethe gelesen zu haben. Es geht um eine solide Grundausstattung an Wissen und Kultur. Was der oder die Einzelne dann damit anfängt, ist ihre Sache. Wer es handfester mag, meldet sein Kind auf einer anderen Schule an. Davon mal abgesehen, sind Lehrer nicht für die komplette Erziehung verantwortlich. Dafür hat ein Kind Eltern. Wenn sie Wert darauf legen, dass ihr Kind ordentlich isst oder Bitte und Danke sagt, müssen sie es ihm beibringen. Die Schule ist kein Wunschkonzert. Es gibt allgemeingültige Lehrpläne, an die sich Schule und Lehrer zu halten haben. Die Schule ist kein Platz, an dem man Kinder abgibt und sie als fertige, perfekte, rundum gebildete Persönlichkeiten wiederbekommt.

Solidarität: ungenügend

Es kann sehr mühsam sein, Kindern Inhalte zu vermitteln. Wer das je selbst versucht hat, weiß das. In wie vielen Familien endet gemeinsames Lernen in wahren Horrorszenarien. Wie viele Eltern denken insgeheim: ‚Das kann doch nicht sein, dass der oder die das immer noch nicht kapiert hat.' Die Schule – das muss mal in aller Deutlichkeit gesagt werden – ist der Job der

Kinder. Wenn Lena ihr Pausenbrot mit Avocado und vegetarischem Brotaufstrich vergessen hat, müssen Sie es nicht hinterherfahren. Sie wird an diesem einen Vormittag garantiert nicht verhungern. Sie müssen Lena auch nicht bis in den Klassenraum bringen und auch keine groß angelegte Beschwerdekampagne starten, nur weil sie in diesem Halbjahr nicht neben Henrike sitzen darf. Sie fahren ja auch nicht ins Büro Ihres Mannes, um mal richtig auf den Putz zu hauen, weil er noch immer in einem Raum mit Herrn Maier sitzt, aber viel lieber im Zimmer mit Herrn Müller wäre. Und Sie sollten bedenken: Lehrer sind keine Notärzte, haben also nicht 24/7-Bereitschaftsdienst. Sie haben feste Sprechstunden, und die meisten sind heutzutage sogar per Mail erreichbar. Sie rufen ja auch nicht Ihre Friseurin abends um elf an, um ihr zu sagen, dass Ihre Strähnchen irgendwie einen Hauch zu gelbstichig geworden sind. Haben Sie andauernden Gesprächsbedarf, suchen Sie sich sinnvollerweise einen guten Therapeuten.

Natürlich könnte man vortrefflich über unser Schulsystem diskutieren. Mit Sicherheit gäbe es Möglichkeiten, es noch besser zu machen. Der Hauptknackpunkt: Noch immer haben nicht alle Kinder die gleichen Chancen. Noch immer ist Deutschland ein Land, in dem Herkunft und Schulabschluss viel zu sehr voneinander abhängen. Aber global gesehen, läuft es so schlecht jetzt nicht. Um das System als Großes und Ganzes geht es allerdings den meisten Eltern ohnehin nicht. Es geht nur und ausschließlich um ihr Kind. Eltern wollen gerne alles. Alles für ihr Kind. Ist es eher scheu, finden sie mündliche Noten ungerecht und überbewertet. Ist es unsportlich, finden sie, dass man auch fürs reine Teilnehmen eine Zwei verdient. Sie finden Unterricht zu anspruchsvoll oder zu anspruchslos, je nachdem, wie sich ihr eigener Nachwuchs schlägt. Es sind zu viel Hausaufgaben oder zu wenig, und der Lehrer ist zu streng oder zu nachlässig. Es allen Eltern recht zu machen ist quasi unmöglich – zu unterschiedlich sind die Ansprüche. Der Fokus liegt ausschließlich auf dem eigenen Kind. Die Botschaft lautet: „Ich! Ich! Ich!" Ob das eine sinnvolle Botschaft ist, darüber kann man streiten. Sind die Noten gut, sind Eltern schnell zufrieden. Ihre Idealvorstellung: ein bayerisches Abitur, aber bitte unter Waldorfbedingungen. Kurz: Die perfekte, individuelle Beschulung eines jeden Kindes gibt es nicht. Dazu müsste man Schule als System abschaffen und das Kind wie früher bei Hofe von ausgewählten Lehrern allein betreuen lassen. Aber Schule ist eben mehr als nur lernen. Es geht auch um soziale Kompetenz. Um Miteinander. Um Gemeinschaft und nicht darum, Schüler zu Einzelkämpfern auszubilden. Nehmen Sie Druck raus, und entspannen Sie sich. Es gibt keinen Grund für Hysterie und Weltuntergangsstimmung angesichts einer Vier. Viele Wege führen nach Rom und in ein zufriedenstellendes Leben.

Nicht ehrgeizig sein zu wollen ist praktisch so unmöglich wie nicht atmen.

ICH BIN NOCH LANGE NICHT FERTIG …

Entwicklungshilfen

Sie möchte endlich mehr Geld, sagt Alexandra. Und dass sie es verdient hat. Seit drei Jahren arbeitet sie als Projektleiterin in einem großen Reisekonzern. Beim Bewerbungsgespräch schon hatte sie mit ihrem Chef vereinbart, sich nur deshalb auf das ziemlich geringe Einstiegsgehalt einzulassen, weil nach spätestens einem Jahr eine Anpassung folgen sollte. Die kam aber nicht. Stattdessen gab es nur immer mehr zu tun. Deshalb hat Alexandra jetzt ein Coaching gebucht. Nur um auf der sicheren Seite zu sein. Und damit ihr Chef gar nicht anders kann, als sie endlich genauso gut zu bezahlen wie ihren Kollegen. „Der hat später angefangen als ich, aber gleich mehr verdient." Der Coach, schwärmt sie, hätte mit ihr wirklich alles durchgespielt. „Ihr ahnt ja gar nicht, wie kompliziert so eine Verhandlung ist. Da kann man nicht einfach mit der Tür ins Haus fallen. Und auf keinen Fall darf man sagen, was man eigentlich sagen möchte: ‚Herr Müller arbeitet viel weniger als ich, bekommt aber 20 Prozent mehr Gehalt. Ich glaube, Sie spinnen!'" Stattdessen übte Alexandra für 400 Euro einen Tag lang, wie man so ein Gespräch führt. „Das war toll", erzählte sie einen Tag vor dem Termin mit dem Chef. „Ich weiß jetzt, dass man nicht immer ‚ich' sagen soll, sondern ‚Sie' und ich ihn unbedingt auf meine Leistungen hinweisen muss. Das mit dem Kollegen, der viel mehr bekommt, soll ich total rauslassen. Weil ich das ja offiziell erstens gar nicht wissen darf und weil es zweitens ja nicht gut rüberkommt, einen anderen anzuschwärzen oder die Einschätzung des Vorgesetzten in Frage zu stellen, dem ja offenbar die Leistungen des Kollegen von Anfang an mehr wert war." Insgesamt elf Punkte galt es, für diese für eine halbe Stunde anberaumte Gehaltsverhandlung zu berücksichtigen. Meinte der Coach. Am Ende kam Alexandra aber nicht mal bis Punkt drei: „Auf die Erfolge der Vergangenheit hinweisen." „Mein Chef sagte einfach, bevor ich jetzt noch weiterrede, müsse er mir gleich sagen, da ginge gerade leider nichts. Wir könnten uns ja in einem Jahr wieder unterhalten."

Was uns das sagen will? Dass das Leben erstens verdammt ungerecht ist. Dass man zweitens als Frau alles richtig machen kann und trotzdem nicht bekommt, was man verdient. Und drittens: Dass selbst wenn wir berechtigte Ansprüche stellen können, immer glauben, dass wir sogar das noch lernen müssen. Natürlich von einem Mann. Kurz: dass wir also zwar oft erledigt, kaputt und durch den Wind sind, aber nie fertig. Deshalb verbessern wir unser Verhandlungs-Know-how wie Alexandra, feilen in Abendseminaren am Business-English wie Christa. Oder lassen uns wie Sabine in Coachings beibringen, wie man sein Selbstvertrauen stärkt, Work-Life-Balance herstellt und ‚Angst vor Konfrontationen' überwindet. Aus Gründen, die Sabine so formuliert: „Ich muss schließlich topfit sein, bevor ich überhaupt darüber nachdenken kann, weiterzukommen!"

Deshalb strömen Frauen nach Feierabend und an Wochenenden in Coachings, Seminare, Workshops: um an sich zu arbeiten, um sie verdient zu haben, die Gehaltserhöhung, die Beförderung oder einfach nur die Position, die man schon hat. Allein in den deutschen Volkshochschulen liegt der Frauenanteil bei über 70 Prozent. Gemessen an dem, was Freundinnen privat bienenfleißig für ihre Horizonterweiterung tun, dürfte es auch auf dem gesamten Bildungsmarkt ganz ähnlich aussehen. Während Männer offenbar überwiegend der Ansicht sind, dass spätestens nach dem Master, dem Gesellenbrief oder dem Gesundheitskurs, der nötig ist, um eine Kneipe zu eröffnen, auch mal Schluss sein muss mit all der Lernerei. Und natürlich: dass sie sowieso schon alles wissen. Mehr als genug jedenfalls, um den Rest ihres Lebens alles richtigzumachen. Das führt zu dem erstaunlichen Phänomen, dass selbst eine Schulsekretärin wie Melanie deutlich besser Englisch spricht als der EU-Haushaltskommissar Günther Oettinger („There are in Europe quit different traditions and we realize: everything hangs together." – „Or in other words: We are all sitting in one boat.") und dabei deutlich weniger verdient. Günther Oettinger erklärte einmal, er habe im Gymnasium zwar neun Jahre Latein, fünf Jahre Französisch, aber nur drei Jahre Englisch gehabt. „Danach habe ich Englisch nie gebraucht. McDonald's mag ich nicht, und für Small Talk hat es gereicht." Und wozu – bloß weil man in der Politik ein großes Tier sein will und wir in einem vereinten Europa leben – sein Englischproblem final lösen? „Nur Deutsche glauben, wir müssen perfekt sein, und das ist unmöglich."

Frau Müller fliegt auf

Tja, man muss seine Grenzen kennen und auch die Verhältnismäßigkeit von Aufwand und Wirkung. Außer man ist eine Frau und davon überzeugt, dass man unablässig an sich arbeiten muss, nicht bloß um glücklich, erfolgreich, liebenswert zu werden, sondern um zu verhindern, dass eines Tages jemand in unser Büro kommt und sagt: „Tut mir leid, Frau Müller. Sie haben sich wirklich alle Mühe gegeben, uns hinters Licht zu führen. Aber nun ist Ihre Tarnung endlich aufgeflogen. Sie sind gar nicht die kompetente Abteilungsleiterin mit dem super Figürchen, für die Sie alle halten. Ihre guten Leistungen waren alle bloß vorgetäuscht. Wir wissen jetzt, dass Sie die Mathearbeit im ersten Halbjahr der zehnten Klasse bei Ihrer Freundin abgeschrieben haben. Im Studium hatten Sie auch bloß Multiple-Choice-Glück. Außerdem schwindeln Sie regelmäßig bei Ihrer Konfektionsgröße. Sie haben gar keine 38. Es ist eine 40. Mindestens! Und dann haben wir noch erfahren, dass Sie Extensions haben. Also jetzt reicht's! Packen Sie Ihre Sachen, und folgen Sie uns unauffällig. Und eines sagen wir Ihnen gleich: Ehe Sie beruflich nicht tatsächlich das können, von dem Sie bislang nur behauptet haben, dass Sie es draufhätten, brauchen Sie sich hier nicht mal um einen Praktikumsplatz zu bewerben!"

In Fachkreisen nennt man dieses Gefühl, den Erfolg gar nicht verdient zu haben, Hochstapler- oder auch Impostor-Syndrom. Erste Erwähnung fand es in den 70er-Jahren – natürlich – bei zwei Frauen: den amerikanischen Psychologinnen Pauline Rose Clance und Suzanne Imes. Sie hatten mit 150 sehr erfolgreichen, bestens ausgebildeten Frauen Interviews geführt und entdeckt, dass diesen Frauen, trotz ihrer exzellenten Abschlüsse, der Anerkennung, die ihnen zuteilwurde, und all den Lorbeeren, die sie einheimsten, die Einschätzung für ihren wirklichen Status fehlte. Sie empfanden sich als eine einzige große Täuschung, stellten ihre Intelligenz in Frage und hielten ihre Leistungen von allen anderen überschätzt. Ständig lebten sie in Sorge, dass jemand ihr ‚schmutziges Geheimnis' entdecken könnte. Bestimmt gibt es auch Männer, die im Job unsicher sind. Aber vor allem Frauen glauben dauernd, nicht gut genug zu sein. Entsprechend sind sie, das bestätigen Studien, deutlich anfälliger für Schuldgefühle. Und leider auch dafür, sofort einzuknicken, wenn man ihre eigentlich zweifelsfreien Kompetenzen hinterfragt. Eine Erfahrung, die gerade den Kerlen nicht guttut, die nichts, aber dafür alles besser wissen. Uns unseren Job, unseren Haushalt, unsere Kinder, unseren Orgasmus, die natürliche Geburt erklären („Du musst dich dem Schmerz einfach hingeben!") und sich überhaupt in unserem Leben mindestens so gut auskennen wie wir.

Beispiele gibt es zur Genüge: Die Frau, die erzählt, wie ihr ein Bekannter riet, sie solle sich mehr in ihre Arbeit knien und sich ein interessantes Hobby suchen, dann hätte sie sicher auch weniger Menstruationsprobleme. Eine andere, die sich von einem Gast, der vorher noch protzte, er koche praktisch nie, anhören musste, wie man Knoblauch richtig verarbeitet. „Und das mir! Ich meine, ich stamme aus Sizilien!" Oder das Erlebnis einer Kollegin, einer DER bekanntesten Klassikexpertinnen hierzulande: „Ich hatte einen Freund zu einem Essen mit Ingenieuren und ihren Frauen begleitet. Sobald heraus war, womit ich mich beruflich beschäftigte und für welch hochkarätige Medien ich schreibe, fing einer der Herren an, mir ausführlich zu erläutern, wie man so eine Musikkritik anzulegen habe. Und dass er vermutlich längst ein Standardwerk zum Thema verfasst hätte, würden ihn nicht bedeutendere Aufgaben davon abhalten. Der Freund stellte ihm daraufhin ein paar Fragen, aus denen sich ergab, dass das größte kulturelle Ereignis in seinem Leben ‚Die Sendung mit der Maus' gewesen sein muss. Er hatte nämlich wirklich von rein gar nichts Ahnung!" Die brauchen sie auch gar nicht. Männer können sich auch so als Superman, Batman und Stephen Hawking in einer Person fühlen. Sogar dann, wenn sie nicht mal ‚als' und ‚wie' richtig anwenden. Frauen dagegen trauen sich oft nicht mal zu, einfach nur so exzellent, klug, belesen, kompetent zu sein, wie sie sind.

Ein Gefühl, das sich selbst unter fabelhaftesten Bedingungen – also mit einer weltweiten Fangemeinde im Rücken, mit so viel Geld, dass man den ganzen Planeten kaufen könnte, mit Auszeichnungen, mit den tollsten Männern an der Seite – als äußerst zählebig erweist. So erklärte Penélope Cruz in der ‚New York Times': „Bei jedem Film ist es, als wäre es mein erster. Ich habe Angst, gefeuert zu werden." Auch Emma Watson glaubt, eine Betrügerin zu sein: „Je erfolgreicher ich bin, desto unzulänglicher fühle ich mich. Man könnte jederzeit herausfinden, was für eine Schwindlerin ich bin, dass ich den Erfolg nicht verdient habe. Ich kann den Erwartungen nicht gerecht werden." Und sogar Sheryl Sandberg, als Facebook-Geschäftsführerin unter den Top Ten der mächtigsten Frauen der Welt, erzählt in ihrem Bestseller ‚Lean In': „Nach einer Prüfung war ich jedes Mal überzeugt, ich hätte sie verhauen. Und jedes Mal, wenn ich mich nicht blamiert, mich sogar selber übertroffen hatte, war ich noch immer überzeugt, ich hätte alle genarrt. Das Spiel würde bald aus sein."

Nein, wir sind wirklich niemals einfach so total in Ordnung. Wir müssen uns, um uns auf der sicheren Seite zu fühlen, von morgens bis abends perfektionieren. Dazu brauchen wir dringend auch die Meinung anderer, die uns sagen, ob wir auf dem richtigen Weg sind, das Optimale aus unseren Talenten herausholen. Ob wir Beachtung verdient haben, eine Beförderung, ein schönes Leben. Was wir immer noch besser machen können. Wie wir zu sein haben. Wo unsere Stärken liegen, unsere Defizite. Auch dazu fühlen wir uns nicht qualifiziert genug: Ganz allein zu beurteilen, wann es mal gut ist. Wann wir gut sind. Aber auch, wann es zu viel ist.

Im Internet kursiert eine Passage aus der Talkshow ‚Bettina und Bommes', in der der Kabarettist Florian Schroeder lustig und richtig aufzählt, was Frauen alles um die Ohren haben. Diese Sequenz taucht immer wieder einmal auf Facebook auf, wird 10.000-fach geteilt und begeistert vor allem von Frauen beklatscht. Alle nicken quasi digital, dass es ganz genau so ist, und äußern, wie froh man sei kann, dass es mal jemand ausspricht. Und zwar EIN MANN! Aber ehrlich: Wäre das auch der Fall, hätte eine Frau da gesessen und genau das Gleiche gesagt? Bei Markus Lanz erklärte derselbe Kabarettist später noch dem Moderator und den Frauen, wo genau im Feminismus noch nachzubessern sei. Zum Glück. Denn ganz allein wären wir da bestimmt nicht draufgekommen.

Ich habe Ryan Gosling ausgemalt

Wir sollen perfekte Mütter sein, von Kindern, die wir selbstverständlich zum idealen Zeitpunkt bekommen haben. Wir sollen unser eigenes Geld verdienen, beruflich engagiert sein, aber natürlich nicht so, dass wir den Haushalt vernachlässigen und der Mann am Ende die Kinder JEDEN Tag von der Kita abholen muss. Wir sollen den Job ernst nehmen, aber nicht so ernst, dass wir dem Kollegen die Abteilungsleiterposition streitig machen – und bei all dem Stress die Currywurst und die Spaghetti bolognese in der Kantine links liegen lassen und lieber zum Salat mit Hühnerstreifen greifen. Sagt der Mann daheim dann: „Sei doch nicht immer so angespannt“, antworten wir natürlich nicht: „Das lässt sich ändern. Ab morgen übernimmst du den Einkauf und das Abendbrot und samstags den Hausputz!“ Wir grämen uns und werden in Zukunft mehr Rouge auflegen. Sollte uns zwischendurch einmal das Gefühl beschleichen, wir könnten uns endlich einmal für eine Nanosekunde aufs Sofa setzen, um nichts weiter zu tun, als in die Luft zu schauen, hat sich schon wieder jemand eine neue Herausforderung, eine neue Hausaufgabe, eine neue Problemzone, ein anderes ‚Must-have‘ ausgedacht.

„Ich habe gestern Ryan Gosling ausgemalt. Es war toll!“, erzählt Brigitte. Und dass sie sich gerade einen ganzen Stapel ‚Malbücher für Erwachsene‘ und ein Set Buntstifte angeschafft hat. Jetzt begibt sich die 54-jährige Physiotherapeutin bei ihren täglichen Bahnfahrten vom Vorort in die Stadt auf den ‚Weg zu Frieden und innerer Ruhe‘, indem sie wie eine Sechsjährige vorgezeichnete Landschaften, Zauberwälder, Märchenschlösser oder Hollywoodstars ausmalt. Nichts dagegen zu sagen. Aber wirkt das nicht verdammt so, als wäre man Teilnehmerin eines bizarren Experiments, für das sich ein verrückter Wissenschaftler immer absurdere Versuchsanordnungen ausdenkt, damit wir auch garantiert nie nur eine Minute unbeschäftigt bleiben? Gerade haben wir einigermaßen ordentlich den herabschauenden Hund und die Krähe seitwärts gelernt, da ist plötzlich Stricken das neue Yoga. Eben genügte noch die fehlerfreie Zubereitung von ‚Bucatini mit Peperoncini aus dem Parmesanlaib', nun sollen wir uns plötzlich mit der Zubereitung von Pansen und Schweineohren befassen, weil es unethisch ist, Tiere bloß der winzigen Filets wegen zu schlachten. Und während man früher einfach an die Tiefkühltruhe ging und sich einen leckeren ‚Happen', ein ‚Capri' oder ‚Dolomiti'-Eis herausholte, steht man nun abends in der Küche an der 400-Euro-teuren-Supereismaschine und rührt veganes Avocado-Eis an. Für Gäste, die nicht einfach essen, was serviert wird. Denn statt mit Andrea, Klaus, Mario und Sabine sitzt man heute mit Leuten am Tisch, für die man als Gastgeber eigentlich eine Erschwerniszulage verdient hätte. Dann heißt es: „Käse geht gar nicht. Laktoseintoleranz, das ist ganz offensichtlich, da brauch ich gar nicht erst den Arzt zu fragen." – „Brot und Nudeln lass ich vorsichtshalber weg. Dieses Gluten verträgt ja kaum noch jemand." – „Geräucherter Schinken? Leider nein. Du weißt doch – das Histamin!" Jetzt könnte man selbst eine Intoleranz gegen die Intoleranten entwickeln oder wie manche Kindergärten beschließen, nur noch die Unverträglichkeiten berücksichtigen, für die ein ärztliches Attest vorgelegt wird. Aber wir sind ja Frauen. Wir arbeiten gern an uns und nehmen jede Chance wahr, besser zu werden. Also fast jede.

„Hast du dir mal überlegt, wie oft du dich am Tag hinsetzt und wieder aufstehst?", fragte mich eine Freundin letzte Woche. Ich antwortete wahrheitsgemäß: „Nein", und: „Wozu soll das gut sein?“ „Na ja!“, sagte sie. „Wir leben so bewusstlos in den Tag hinein. Da geht so viel Achtsamkeit verloren. Für den Körper. Für den Moment.“ Ich argumentierte, dass ich schon ziemlich ausgelastet damit bin, mir zu überlegen, was ich morgen Gesundes für die Familie koche, die selbstverständlich nachhaltigen Bioprodukte dafür zu beschaffen, das gute Buch für die Horizonterweiterung zu lesen, die Terrasse Instagram-tauglich zu bepflanzen, meinen grünen Tee so sorgsam zuzubereiten, dass die wertvollen Nährstoffe nicht verloren gehen, die drei Liter stilles Mineralwasser zu trinken, die 10.000 Schritte für einen gesunden Lifestyle zu machen – die derzeit dringend empfohlen werden –, mich um den perfekten Schwung meiner Augenbrauen zu kümmern, die veganen Muffins für den Geburtstag der Nichte zu backen, an den Abendkursen für das Thermomix-Abitur teilzunehmen (damit ich alles, was ich bislang sehr gut ohne gekocht habe, auch mit dem Gerät kochen kann), und dass ich außerdem ja noch einen kleinen Beruf hätte. Da könnte ich mir unmöglich noch bewusst machen, wie oft am Tag ich mich hinsetze und aufstehe. Wäre einfach zeitlich nicht drin.

Nichts gegen persönliches Wachstum, aber irgendwo muss man auch mal eine Grenze ziehen und entscheiden, nicht dauernd das Beste aus sich herausholen zu wollen, sondern einfach ein gutes Leben zu haben. Nicht dass wir uns falsch verstehen: Bildung ist toll. Es kann gar nicht genug davon geben, und erfahrungsgemäß ist immer noch sehr, sehr viel Luft nach oben. Aber irgendwann sollte man aus Selbsterhalt – und um nicht in einen Burn-out abzugleiten – zwischendurch sagen: „Ich bin fertig!“ Und: „Ich hab kapiert, worum es eigentlich geht!“

Die Glocken der Achtsamkeit

Das Problem ist ja nicht, dass Frauen zu schlecht ausgebildet sind, zu wenig wissen, zu viel wollen, ohne etwas zu können.

Das Problem ist, dass es allerallermeistens gar nicht um Vernunft, um Qualifikation, um gute Abschlüsse geht. Sonst würden wir nicht noch im dritten Jahrtausend für die gleiche Arbeit um mehr als 20 Prozent weniger verdienen als Männer. Egal wie viel Business-English wir draufhaben, wie gut wir beim Workshop ‚Zielformulierung' abschneiden oder wie oft wir mit den ‚Glocken der Achtsamkeit' entspannen („Spüre den Geräuschen um dich herum nach. Dem Telefonklingeln, Kirchenglocken, Sirenen, Autohupen."). Man muss schon ein Mann sein, um mit einem Lebenslauf wie dem von Martin Schulz – Realschulabschluss, Buchhändlerlehre, Bürgermeister, auch mal Alkoholiker –, überhaupt als Kanzlerkandidat in Erwägung gezogen zu werden. So sympathisch so eine Biographie auch ist, und immerhin spricht er Englisch, Französisch, Niederländisch, Spanisch, Italienisch … In Bereichen, in denen noch nach Methoden Personalentscheidungen getroffen werden, mit denen man unter anderem Schrebergartenvereins-Vorsitzende wählt (also praktisch überall), kann man sich als Frau noch so gut vorbereiten, man wird nie die Anerkennung bekommen, die einem gebührt. Dazu muss man schon in die Berufe gehen, in denen wirklich einmal nur der gute Abschluss zählt. In die Medizin etwa, wo man bekanntlich einen Eins-a-Notendurchschnitt vorweisen muss, um überhaupt studieren zu können. Weil sie nicht so einfach ausgebremst werden können – bloß weil sie Frauen sind –, sind mittlerweile 65 Prozent der Studienanfänger weiblich. Mit erfreulichen Aussichten: „Die Feminisierung der Medizin zwinge die Krankenhäuser, familienfreundliche Arbeitsbedingungen zu schaffen und für unterstützende Infrastrukturen, zum Beispiel Kita-Plätze, zu sorgen", glauben Medizin-Ökonomen. Aber es gibt natürlich auch einen Plan B: einfach die Zugangsvoraussetzungen für das Studium herabzusetzen, um wieder mehr Männer in die Medizin zu bringen. Aus dem an sich richtigen Gedanken, dass man ja keinen Abidurchschnitt von eins braucht, um ein passionierter Arzt zu sein. Aber warum fällt das den Verantwortlichen wohl gerade jetzt ein?

Ziemlich gut genug

Nein, Frauen sind schon ziemlich gut. Gut genug jedenfalls, um zu verstehen, dass es eben nicht ums Gutsein geht. Deshalb hat Alexandra auch einen zweiten Termin mit ihrem Chef anberaumt. Ohne Coaching. Diesmal hatte ihr Gesprächsplan nur zwei Punkte: „Ich habe ihm gesagt, dass ich auf die längst fällige Gehaltserhöhung poche und bereit bin, den Arbeitsplatz zu wechseln, sollte er immer noch ‚gerade keine Möglichkeit' sehen." Diesmal hat der Vorgesetzte die Forderung abgenickt. Alexandra hat trotzdem gekündigt und bei einer Firma angefangen, in der man nicht allein dafür schon 300 Euro mehr bekommt, weil man ein Mann ist. „Ist einfach auch besser für die Arbeitsatmosphäre", sagt sie.

Wir sollten und können uns entspannen. Und ganz allein entscheiden, wie wir das tun. Wenn wir finden, dass bewusstes Aufstehen und Hinsetzen dazu wertvolle Beiträge leisten, warum nicht? Wenn wir sonst nichts zu tun haben und uns das nicht so beschäftigt, dass wir deshalb die letzte Staffel ‚House of Cards' ausfallen lassen müssen. Außerdem sollten wir uns zwischendurch immer mal sagen: „Ich kann!" Einfach so. Statt: „Und wenn morgen eine Abteilungsleiterstelle frei wird, sollte ich heute dringend noch ein Coaching buchen, ein Business-English-Seminar und den Workshop ‚achtsames Atmen'." Man muss kein Physikgenie sein, um zu verstehen, dass es unmöglich ist, all die Angebote wahrzunehmen, die versprechen, uns und unser Leben zu optimieren, uns auf die sichere Seite zu bringen. Dorthin, wo uns keiner mehr angreifen kann, wo wir souverän sind und einmal alles gut ist.

Diesem Zustand kommt man nur näher, indem man sich einfach mal anschaut, mit wem man da eigentlich manchmal Schritt halten will: mit der Kinderlosen, die viel mehr Zeit in ihren Job stecken kann? Mit der Vollzeithausfrau, die NATÜRLICH ihre Kinder überallhin chauffiert und nebenbei noch im Elternbeirat und im Schwimmverein der Tochter aktiv ist? Mit der Bloggerin, die quasi hauptberuflich ein voll durchdekoriertes Leben präsentieren MUSS, damit die Sponsoren nicht abspringen? (Und die vermutlich – einfach so zum emotionalen Ausgleich – ein Messie-Zimmer bereithält, in dem sich alte Zeitungen stapeln, Schmutzwäsche herumliegt und sie Ravioli aus der Dose löffelt). Mit der Exmitschülerin, die dank ihres wohlhabenden Mannes keiner geregelten Beschäftigung nachgeht, jedenfalls nicht auf Lohnsteuerkarte? Die aber mit der Verbissenheit eines Workaholics um den Erhalt ihrer Optik kämpft und darum, nicht gegen eine Jüngere ausgetauscht zu werden? Selbst die Kanzlerin mit ihrer fantastischen Karriere, respektiert von den Mächtigsten der Welt, muss sich am Ende eines langen Regierungstages, an dem sie mal wieder gleich eine ganze Kuhherde vom Eis geholt hat, anhören, sie könnte sich ruhig mal ein bisschen hübscher anziehen.

Es gibt kein Fertig. Außer, WIR entscheiden, dass es reicht. Dann schicken wir unsere Kinder einfach mit knittrigen Klamotten in die Kita – wie eine Kollegin, die sagt: „Die Leute sollen ruhig sehen, dass ich eine berufstätige Mutter bin.“ Dann antworten wir mit: „Na und?!“, und falls eine moniert, dass die Muffins ja nicht selbst gebacken sind: „Ehrlich, ist mir zu stressig, neben meinem Job auch noch einen Kindergeburtstag auszurichten, für den man eigentlich einen Eventmanager braucht. Bei mir gibt es Topfschlagen und Erdbeerkuchen.“ Und dann sagen wir endlich mal, wie es ist: „Selbst wenn Kokoswasser außerdem noch in der Lage wäre, mir die Füße zu massieren – ich finde es einfach ungenießbar.“ Danach legen wir uns aufs Sofa, ohne darüber nachzudenken, ob uns das jetzt weiterbringt, und atmen ganz ruhig und total unachtsam endlich einmal durch.

Das Streben nach nichts …

Eine Hochzeit war schuld. Wann sonst begegnet man Leuten, die man so freiwillig eigentlich nicht treffen würde. Aber nun saß ich neben Heike. Und irgendwie kamen wir auf Ursula von der Leyen zu sprechen. Hätte nicht viel gefehlt, und Heike hätte sich gleich neben die ‚Geschmorte Lammhüfte mit Kartoffel-Lauch-Püree an Portweinjus' übergeben. „Die ist doch so was von vom Ehrgeiz zerfressen. Total verkniffen. Ich hasse diese seelisch verkümmerten Frauen, die mit angespitzten Ellenbogen zwanghaft nach oben wollen und dabei alles hinter sich lassen, was ja gerade das Besondere an einem Frauenleben ist. Für die Familie da zu sein, sie zusammenzuhalten, sich um die Kinder und später um die Enkel zu kümmern."

Ich gab zu bedenken, dass man als Frau mit dieser Einstellung ja praktisch schon die Kapitulationserklärung für den Arbeitsmarkt unterschreiben würde, bevor man auch nur den ersten Panzer, also seinen Einser-Master oder den Gesellenbrief aus der Garage gefahren hat. Das Feld damit sozusagen kampflos Männern überlassen würde, um sich am Ende wie die ehemalige Frau des Ex-Deutsche-Bank-Chef Hilmar Kopper anhören zu müssen, dass man es mit der häuslichen Versorgung des Gatten, also der Bestimmung der Frau, maßlos übertrieben habe: „Wenn ich nichts zu Abend essen will, will ich nichts zu Abend essen", gab er laut ‚Bild' als Trennungsgrund die Zumutung einer in der heimischen Küche zubereiteten warmen Mahlzeit am Tag an. Seine Neue, die ausgewiesen enorm erfolgsorientierte Brigitte Seebacher-Brandt, kommentierte den Partnerwechsel gewohnt mitfühlend in der ‚Bild am Sonntag': „Man muss doch nüchtern sehen, dass es heute keine lebenslange Beschäftigung in einer Firma gibt. Genauso wenig Beziehungen."

Heike fand das kein Argument. Im Unterschied zu: „Wenn wir mal ehrlich sind, fehlt ehrgeizigen Frauen doch nur der Halt durch einen liebenden Partner. Deshalb brauchen sie immer mehr Anerkennung. Anders als ich. Ich bin zufrieden, mit dem, was ich habe."

Was das ist, stellte sich im Verlauf des weiteren Gespräches heraus: einen sehr gut verdienenden Mann und einen exzellenten Uniabschluss. Den einen nutzt sie, den anderen nicht. Was im Umkehrschluss bedeutet, dass man es sich erst mal leisten können muss, nicht ehrgeizig sein zu wollen und seine beruflichen Qualifikationen brachliegen zu lassen. Anders als Marlies, die schon deshalb vorankommen muss, weil sie zwei Kinder und keinen ‚Ernährer' hat. Sie qualifiziert sich gerade von der Zahnarzthelferin zur Office-Managerin, sagt aber trotzdem von sich: „Ich würde mich nicht als richtig ehrgeizig bezeichnen. Ich habe einfach Lust gehabt, etwas Neues zu versuchen." Nein, Ehrgeiz ist nicht gut. Vermutlich würden 98 Prozent aller Frauen fast lieber ihre wahre Konfektionsgröße veröffentlichen, als diesen kleinen Satz über die Lippen zu bringen: „Ja, ich bin ehrgeizig!" Er klingt nach zwanghafter Streberin, nach Papas Töchterchen, das noch nach seiner Anerkennung lechzt, wenn der sich schon nicht mal mehr an seinen Namen erinnern kann; und die weder einen Mann noch Sex hat – außer mit batteriebetriebenen Geräten. Weil Ehrgeiz ja bloß armselige Ersatzbefriedigung für ein trostloses Privatleben sein soll.

Dabei entgehen wir dem Ehrgeiz sowieso nicht, egal wie ehrgeizig wir dieses Ziel verfolgen. Der Wille zum Erfolg steckt in jedem und beschränkt sich längst nicht nur aufs Berufliche. Gerade in den angeblich so ehrgeizfreien Zonen ist deshalb manchmal mehr davon zu finden als in den Vorständen der DAX-Unternehmen: im Streben nach der Idealfigur, dem besten Apfelkuchen beim Kita-Sommerfest, den begabtesten Kindern, der saubersten Küche, dem günstigsten Schnäppchen im Sommerschlussverkauf, dem schönsten Dekolleté, der glattesten Haut. Ehrgeiz ist unter Frauen praktisch überall zu finden, und er wütet dort umso hemmungsloser, je weniger man sich offiziell dazu bekennt und er sich also nicht mal an die Grundregeln der Fairness zu halten braucht. Zu denen etwa gehört, die Konkurrentin bei anderen nicht schlechtzumachen mit „von wegen Jogging. Carla verdankt ihre Mörder-Oberschenkel einer Fettabsaugung. Aber von mir hast du das nicht!", oder: „Kein Wunder, dass Mario Helena verlassen hat. Eine Frau, die länger arbeitet als ihr Mann, geht ja gar nicht. Wie soll er sich zu Hause fühlen, wenn er sogar die Betten selbst beziehen muss!"

Als ich noch mit dem Vater meiner Kinder liiert war, erzählte mir eine Freundin, wie sie einmal den ganzen Abend lang einer Frau zuhörte, die erklärte, weshalb sie eigentlich die perfekte Frau für meinen Mann wäre und nicht ich. Meine Freundin hätte gleich sagen können, dass sie mich kennt: „Aber irgendwie hatte ich den richtigen Moment verpasst, und dann war es einfach zu faszinierend, wie sie alle ihre Produktvorteile aufzählte, die es zwingend nötig machten, dass ein Mann wie deiner ihrer wird. Und das Verrückte: Sie hatte ja selbst einen. Der war aber natürlich nicht bei dem Essen. Von dem sagte sie nur, der wäre total langweilig und hätte in den letzten fünf Jahren nichts gesagt, was sie auch nur annähernd interessiert hätte."

Nur weil man sich den Frontalangriff verkneift, sich nicht vor der Kneipe mal ordentlich eins auf die Nase gibt und nicht um den Parkplatz neben dem Chef, sondern um den Mann, das Aussehen, den optimaleren Service daheim konkurriert, heißt das nicht, dass man nicht ehrgeizig ist. Im Gegenteil. Nicht ehrgeizig sein zu wollen ist praktisch so unmöglich wie nicht atmen. Wir können nicht nach nichts streben. Sich zum Ehrgeiz zu bekennen wäre deshalb nicht nur ehrlich, sondern eine Frage des Respekts gegenüber unseren Leistungen und Fähigkeiten. Die „Energie und Entschlossenheit, etwas Außergewöhnliches zu erreichen", wie der Ehrgeiz-Experte und Psychologe Dean Keith Simonton von der University of California den Ehrgeiz definiert, ist damit eigentlich nichts weiter als der legitime Wunsch, den eigenen Möglichkeiten ein angemessenes Forum zu bieten. Alles andere wäre, als würde Sarah Wiener in einer Imbissbude Frikadellen verkaufen, Anne Will einen Shopping-Kanal moderieren und Martina Gedeck in der ‚Lindenstraße' auftreten. Und damit freiwillig auch auf einen weiteren wichtigen Aspekt von Anerkennung verzichten: Geld. Der von Frauen so oft benutzte Satz „Das ist mir nicht so wichtig!" führt nur dazu, dass auch der Beitrag, den Frauen gerade in Berufen leisten, die so katastrophal schlecht bezahlt sind wie etwa eine Krankenschwester, nicht mal annähernd die Anerkennung bekommt, die er verdient.

Geld ist besonders in einer Männerwelt die wichtigste Währung überhaupt. Und solange Männer immer noch in der überwiegenden Mehrzahl Entscheider sind, drückt sich in der Bezahlung aus, was wir einem Unternehmen oder einer Institution wert sind. Und nein, das läuft nicht über das Menschliche. Wenn es so wäre, gäbe es nicht diese eklatanten Gehaltsunterschiede zwischen Frauen und Männern, würden Männer nicht immer noch viel besser und höher pokern als Frauen. Selbst wenn man das Geld nachher verbrennen würde, wäre es deshalb immer besser, zu sagen: „Ich bin Ihnen und mir das und das wert", als zu erklären: „Für mich spielt das keine Rolle." Eine angemessene Entlohnung ist eine Frage des Respekts vor den eigenen Leistungen, Kompetenzen, Ambitionen und damit eine Teilmenge von Ehrgeiz.

Warum wir unseren Ehrgeiz trotzdem so gern und freiwillig zu einem Schattendasein verdammen? Dazu, sich allein von den

Mathenoten unserer Kinder, unserem Body-Mass-Index und der Performance auf dem Tennisplatz zu nähren? Weil er als total unweiblich gilt. Er ist sozusagen der Damenbart unter den Eigenschaften. Unsere Angst: Erklärtermaßen mehr zu wollen als die neueste Designerhandtasche könnte unseren Marktwert ins Bodenlose fallen lassen. Dabei ist das böse Wort mit ‚E' viel besser als sein Ruf. Man muss ihn ja nicht in die albernen Bubenkämpfe um den Alpharüden-Thron der Geschäftswelt – der Sitz ‚1A' in der Business-Class – investieren, in sinn- und nutzlose Rangeleien um den teureren Schreibtisch, das größere Büro. Man kann Ehrgeiz einfach in aller Stille in sein Fortkommen investieren, in große Pläne und herrliche Ziele. So wie Angela Merkel es getan hat, indem sie mit ihrer Beharrlichkeit, mit ihrem unspektakulären Auftreten, ihrer Freude an der Sache, ihrem Arbeitsethos und ihrer völligen Ignoranz Äußerlichkeiten und Statussymbolen gegenüber, wie ein Erfolgs-Tarnkappenbomber einfach den männlichen Konkurrenz-Radar unterflogen hat und Kanzlerin wurde. Bis heute können manche Männer nicht fassen, wie DAS eigentlich passieren konnte.

Das größere Stück Kuchen

Ehrgeiz ist nicht bloß das dickere Auto, die gemeinere Intrige, das größere Ego. Er ist eine Investition von emotionalem Kapital in ein Projekt, das uns wichtig ist, uns etwas bedeutet oder auch einfach nur finanzielle Sicherheit und damit Unabhängigkeit bringt. Sofern wir ihn nicht freiwillig jenen überlassen, die daraus ein Hauen und Stechen machen ... Das tun wir aber, sobald wir ehrgeizige Frauen verdammen, nur die Erfolge der Männer bestaunen und unsere eigenen kleinreden. Wenn erfolgreiche Frauen in Interviews behaupten, ihr gut laufendes Café verdanke sich nur einem glücklichen Zufall, sei ihnen quasi in den Schoß gefallen – und den Teil der Success-Story, indem sie drei Jahre lang sieben Tage die Woche zwölf Stunden geackert haben, tunlichst auslassen. Wenn sie behaupten, ihre tolle Figur verdanke sich exzellenten Genen, sei also eine Laune der Natur. Und nicht sagen, dass sie dafür fünf Tage die Woche mindestens eine Stunde Sport machen und schon gar nicht mehr wissen, wann genau sie das letzte Glas Wein hatten. Von Nudeln nach fünf Uhr abends ganz zu schweigen. Wenn sie sagen, dass sie das alles NATÜRLICH nicht wegen des Geldes tun, sondern weil es so viel Spaß macht, dass man eigentlich dafür noch Geld mitbringen müsste.

Warum sollten wir uns ständig bescheiden und offiziell höchstens ganz, ganz, ganz kleine Brötchen backen? Weil es Männer verunsichern könnte, wenn wir erfolgreicher sind als sie? Weil es keinen guten Eindruck macht, wenn wir gut für uns selbst sorgen können? Wenn wir in unserem Leben noch etwas anderes vorhaben, als uns, wie eine Sonnenblume nach dem Licht, immer danach zu richten, wie andere uns haben wollen? Und in der Annahme, dass auf der Top-Ten-Liste der Männerfantasien eine Frau mit eigener Karriere, eigenem Einkommen, eigenen Ambitionen nicht mal dann vorkäme, wenn man sie auf eine Top-50-Liste erweitern würde?

Nicht dass es eine so große Rolle spielt, aber entgegen anderslautenden Gerüchten wissen es Männer durchaus zu schätzen, wenn Frauen eigene Ziele verfolgen, anstatt ihren ganzen Lebenssinn darin zu sehen, einem Mann die Kissen aufzuschütteln. Weiblicher Ehrgeiz entlastet Männer von der Verantwortung, eine Aufgabe zu erfüllen, für die sie ohnehin nicht wirklich gemacht sind: allein seligmachend zu sein. Und circa 40 Prozent aller Frauen würden es nach ein paar Ehejahren sowieso vorgezogen haben, sie hätten mit ihrem Ehrgeiz noch ein anderes Projekt als das gemütliche Heim und die Mathenoten von Fabian verfolgt. Schon um die finanziellen Folgen der Scheidung abfedern zu können. Hierzulande bekommt jede zweite alleinerziehende Frau keinen Unterhalt vom Expartner für die Kinder. Und weitere 25 Prozent erhalten ihn nur unregelmäßig. So gesehen, gehört weiblicher Ehrgeiz eigentlich sogar in den Lehrplan aufgenommen. Weil er mindestens so überlebenswichtig ist wie Dreisatz oder Elektromagnetismus.

Deshalb kann unbedingt weg, anderen Frauen – nur weil sie erfolgreich sein, mitbestimmen, mitentscheiden wollen – gleich mal in Bausch und Bogen die Weiblichkeit abzusprechen. Es kann weg, den Ehrgeiz so tunlichst zu verschweigen, als handele es sich um einen eitrigen Ausschlag. Es kann auch weg diese ewige Tiefstapelei, mit der wir so tun, als sei alles, wofür wir uns so richtig ins Zeug gelegt haben (sogar das blitzsaubere Bad, aber auch der perfekte Geschäftsbericht, die penibel ausgeführte Übersetzung, der wunderbar bepflanzte Garten), bloß ein Sonntagsspaziergang für Anfänger. Nicht der Rede wert. Weil dann – Achtung, Merksatz! – wirklich niemand mehr ein Wort darüber verliert. Es muss ja nicht gleich die Weltherrschaft sein, nach der wir streben (obwohl ich das durchaus für ein lohnendes Ziel halte, zumal in Zeiten von Trump und Erdoğan). Was immer es ist, das wir gern erreichen wollen, wir sollten es offensiv angehen und uns – frei nach der amerikanischen Autorin Leora Tanenbaum – endlich zugestehen, ein größeres Stück vom Kuchen haben zu wollen und auch beanspruchen zu können, anstatt weiterhin immer bloß um die Krümel zu wetteifern.

Man kann nur
gute Freunde
haben, wenn man
selbst ein guter
Freund ist.

KEINER IST EINE INSEL

Eine organische Verbindung

Der Mensch möchte nicht allein sein. Wir sind nun mal per se als gesellige Wesen gedacht. Wir brauchen und mögen es, wenn wir andere um uns haben. Wir verbringen gerne Zeit mit Leuten, die uns in unserem Dasein und Sosein bestätigen. Praktisch also, dass man Gesellschaft gleich qua Geburt direkt mitgeliefert bekommt – die Familie. Gut, die hat man sich nicht ausgesucht, und nicht jeder, der einem als Schwester oder Bruder, Tante, Onkel oder sogar Vater und Mutter serviert wird, hat das Zeug zum Seelenverwandten. Deshalb hat Gott noch die Freundschaft gemacht. So etwas wie eine frei gewählte Familie, mit Rollen, die man selbst besetzen darf, und einem Drehbuch, an dem man gemeinsam schreibt. Eine fantastische Idee. Vor allem aus gesundheitlichen Gründen. Nachweislich können Freunde einem nämlich das Leben verlängern und natürlich auch verschönern. Keine zu haben ist dagegen so ungesund, wie sehr, sehr fett zu sein und der Konsum von etwa 15 Zigaretten täglich. Es ist sogar gefährlicher, keine Freunde zu haben, als keinen Sport zu treiben. Klingt ziemlich überzeugend und scheint ganz einfach zu sein. Man behandelt Freundschaft wie einen exklusiven Club: lässt nur die Netten, Lustigen, Klugen und diejenigen rein, mit denen man richtig viel Spaß hat, gut reden kann und ein paar sehr intensive Erfahrungen teilt, die am besten bis in die Sandkastenzeit zurückgehen. Die anderen müssen halt draußen bleiben.

Aber das Leben ist nun mal keine Einbahnstraße. Vorlieben ändern sich ebenso wie Lebenskoordinaten. Und dann gibt es noch Facebook, eigens dazu gemacht, den Kreis der Freunde und damit den Freundschaftsbegriff in einem nie geahnten Ausmaß zu erweitern. Es scheint auf einmal, als könnten wir alle Freunde sein. Das ist einerseits tröstlich, weil man sich wie in einem XXL-Sozialnetz eingebunden fühlt und die Freundschaftspflege nun mit einem ‚Like' erledigen kann. Wirft andererseits aber auch Fragen auf: War Freundschaft nicht mal als etwas ganz Besonderes gedacht? Als eine Verbindung unter wenigen und deshalb umso kostbarer, als man eben nicht mit jedem oder fast jedem befreundet war? Wo fängt die Freundschaft an und hört die Bekanntschaft auf – und umgekehrt? Bringt mehr mehr oder doch weniger?

Der britische Evolutionsanthropologe und Psychologe Robin Dunbar von der University of Oxford hat mal durchgezählt und abgewogen. Das Ergebnis: Wir haben nur begrenzte Freundschaftskapazitäten. Dunbar hat in seinen Studien vier Zirkel der Intimität ausgemacht. Im ersten und engsten haben wir im Schnitt nur Platz für fünf ganz nahe Seelenverwandte. Diese Menschen klingeln wir auch nachts raus, wenn wir mit dem Auto liegen geblieben sind, damit sie uns abholen. Ihnen erzählen wir, was uns bewegt, und können uns in ihren Armen schon mal haltlos ausheulen. Kreis zwei besteht aus zehn bis 15 Menschen, die wir im äußersten Notfall auch mal um Geld bitten würden, aber vermutlich nicht um eine Niere. Im Schnitt entlassen wir im Laufe von zehn Jahren daraus drei bis fünf Menschen, und es kommen drei bis fünf neue hinein. In den Kreisen drei und vier folgen bis zu 120 Menschen. Darunter die ehemalige Schulfreundin, die Kollegin, mit der man schon mal einen Kaffee trinkt oder ins Kino geht. Bei 150 Freunden sind unsere Freundschaftsgefühle dann aber auch am absoluten Limit. Wir haben einfach nur eine begrenzte Menge davon. Deshalb kostet es uns ungefähr zwei Freunde, sobald wir uns verlieben. Aber von wem trennen wir uns? Dürfen wir das überhaupt? Ist Freundschaft nicht einfach viel zu kostbar, um sie wie einen alten Sessel einfach auszusortieren? Wäre es nicht beängstigend, weil dasselbe ja auch mit uns passieren kann? Oder soll man einfach mal beherzt sagen: „Das mit uns passt einfach nicht mehr?" Wenn die eine Mutter geworden ist und die andere immer noch als Single lebt? Wenn eine sehr viel und die andere sehr wenig verdient? Aber ist es nicht gerade das, was Freundschaft auch ausmacht? Dass man sich verändern darf, auch mal anderer Meinung sein kann, einen anderen Geschmack, andere Vorlieben hat?

Alle sprechen über den Echoraum – die Filterblase: das Phänomen, bei dem wir uns in den sozialen Medien nur noch in Sphären aufhalten, die uns ausschließlich das spiegeln, was wir mögen. Dabei hat sich die Sehnsucht nach Gleichklang längst auch in unserem echten Leben breitgemacht und damit die Furcht vor Unbekanntem und davor, einmal nicht in all dem bestätigt zu werden, was wir für unverzichtbar halten. Unter anderem ist ja auch die ganze Partnersuche längst auf ‚Matching' aufgebaut. In unserem engeren Umfeld umgeben wir uns gerne mit Menschen, die tun, was wir tun, und so ticken, wie wir ticken. Muttis haben Muttifreunde, und Fußballfans verkehren mit Fußballfans, Professoren mit anderen Hochschulmitarbeitern. Man ist sich ähnlich. Man hat einen annähernd gleichen Kosmos. Aber wir leben in selbst gewählter Beschränkung, wenn wir nur jene in Betracht ziehen, die uns ähneln, so sind wie wir. Wir schließen damit ja nicht nur den größten Teil der Welt aus. Wir verlieren den Mut, uns auf Menschen einzulassen, die nicht unseren Vorlieben entsprechen. Wir verpassen Chancen, weil so ein Leben im Gleichklang enorm impulsschwach ist.

Eine Ahnung davon, wie bereichernd es sein kann, einmal über den sozialen Tellerrand zu schauen, bieten die Netze, die wir nicht wirklich frei gewählt haben. Solche wie die Familie oder die Nachbarschaft. Darunter ist so ziemlich alles zu finden, was das Leben hergibt: Arme, Wohlhabende, exzessive Fußballfans, Opernliebhaber, Ballermann-Urlauber, Bildungsreisende, Exzentriker, Globetrotter, Stubenhocker … Ein großes Experimentierfeld, in dem wir unsere Toleranz- und Neugiermuskeln trainieren können. In dem wir erleben, wie bereichernd Andersartigkeit sein kann. Sie ist praktisch die Grundvoraussetzung dafür, dass wir uns weiterentwickeln, anstatt auf ewig in dem Sandkasten zu sitzen, in dem wir uns schon als Vierjährige mit Martin oder Luisa ums Förmchen stritten. Hier, in diesen Beziehungen, können wir anwenden, was wir im Rest des Lebens oft so schmerzlich vermissen und gern von anderen – etwa der Politik – einklagen: Toleranz, Offenheit, Großzügigkeit und Verständnis. Wenn wir das schon in der Hausgemeinschaft bzw. Familie nicht aufbringen, könnte es auch mit der Freundschaft eng werden. Überhaupt sollte man sich von der Idee trennen, Freundschaft wäre erst dann richtig, wenn sie in wesentlichen Teilen dem Synchronschwimmen ähnelt. Es ist ganz im Gegenteil nur zu begrüßen, dass wir eben nicht Hanni und Nanni sind, dass wir uns wunderbar ergänzen, überraschen und uns den Horizont ein wenig, am besten deutlich, weiter machen. Ja, da wird's schon kompliziert. Einfach, weil es sich mit der Freundschaft wie mit der Liebe verhält. Wir denken, dass alle dasselbe wollen. Tun sie aber nicht, und das ist auch gut so. Ebenso wie folgende Freundschaftskiller aus dem eigenen Freundschaftspflichtenkatalog ersatzlos zu streichen sind.

1. Kindergartenverhalten

Sie sind nicht mehr fünf Jahre alt, und deshalb darf Rosie außer Ihnen auch noch andere Freundinnen haben, ohne dass

Sie sich vor Zorn auf den Boden werfen oder die Freundschaft aufkündigen. Nur weil Sie finden, dass Sie rundum so beglückend sind, dass man neben Ihnen keine andere Freundin mehr braucht. Das ist nicht nur ziemlich größenwahnsinnig. Das ist ganz schön unklug. Auch meine ‚Beste' hat Freundinnen neben mir. Und umgekehrt. Wieso auch nicht? Erstens teile ich zwar vieles mit ihr, aber nicht alles. Zweitens sind die klugen, lustigen, spannenden Frauen um uns herum eine echte Bereicherung. Und drittens zeugt ständige Eifersucht in Freundschaften nicht von übergroßer Zuneigung, sondern von maximaler Unsicherheit. Als hätte man ständig Sorge, dass die andere abgeworben werden könnte. Freundschaft hat auch mit Großmut zu tun, mit dem Bewusstsein, dass da so schnell nichts dazwischenkommt.

2. Einseitigkeit

Eine Freundschaft ist keine Einbahnstraße. Sie können nicht hemmungslos jeden Seelenmüll abwerfen und im Gegenzug nicht einmal fragen: „Wie geht es dir eigentlich?" Freundschaft gilt wechselseitig. Klar hat mal der eine, mal der andere mehr um die Ohren und mehr zu jammern. Es ist – wie man immer so schön sagt – ein Geben und Nehmen, ohne dass man die Anteile wie beim Metzger grammgenau auswiegen muss. Aber eins muss man bedenken: Ihre Freundin ist keine freiberufliche Hobby-Therapeutin, die man rund um die Uhr bequatschen kann, ohne auch nur einmal zurückzufragen: „Wie läuft es denn bei dir?"

Bei Elke war es so. Ihre beste Freundin hatte sich verliebt, und Elke hat sich zweieinhalb Jahre lang zu jeder Tages- und Nachtzeit, per SMS, WhatsApp und am Telefon die ganze vertrackte Liebesgeschichte ihrer Freundin mit einem ziemlichen Vollidioten angehört. Hat immer wieder Ratschläge erteilt. „Irgendwann", erzählte Elke mir ein wenig beschämt, „konnte ich es echt nicht mehr hören. Es war die immer gleiche Geschichte. Manchmal habe ich den Hörer beiseitegelegt und dabei ‚Candy Crush' gespielt, ich wusste ja, sie hört eh nicht auf mich. Manchmal war ich auch richtig sauer. Die hat einfach nichts mehr interessiert. Nur ihre eigene Geschichte, die nach zweieinhalb Jahren auch nicht mehr wirklich spannend war. Nicht einmal wissen wollte sie, wie es bei mir im Job gerade läuft. Was die Kinder machen oder auch mein Liebesleben. Ich musste ihr dann sagen, dass meine Geduld am Ende ist und ich finde, dass ich etwas zu kurz komme. Seitdem ist es etwas besser."

Manchmal muss man eben etwas sagen. Manchmal merken Freunde gar nicht, wie sehr sie die Freundschaft strapazieren. Manchmal muss man in Freundschaften auch kritisieren oder etwas einfordern. Wenn sich trotzdem nichts ändert, kann man immer noch auf Plan B – wie ‚Bekanntschaft' – zurückgreifen.

3. Downgraden

Manchmal stellt sich nach einer Weile heraus, dass eine vermeintliche Freundin vielleicht gar keine ist. Oder nicht mehr. Weil sie nicht wirklich Interesse an uns hat, weil alles andere immer mehr Priorität besitzt, weil wir sie erst zu Gesicht bekommen, wenn ihr vor lauter Langeweile so gar nichts anderes mehr einfällt. Klar ist man enttäuscht, man dachte ja, man hätte einen anderen Stellenwert, und neigt deshalb ganz impulsiv oft auch dazu, die gesamte Beziehung ad acta zu legen. Ab und an ist es aber hilfreich, nicht gleich zu radikal zu sein. Nicht zu beleidigt. Sie muss ja nicht für immer aus dem Leben verschwinden, es kann genügen, sie einfach mental herunterzustufen. Eben noch Freundin, jetzt eben Bekannte. Von einer Bekannten erwartet man nicht so viel, kann also auch nicht so enttäuscht werden.

Ich hatte eine Freundin, die inzwischen nur noch eine Bekannte ist. Nie hatte sie einen Abend Zeit, um mich zu sehen.

Die Abende waren immer für andere, wichtigere Menschen reserviert. Mittags – zwischen Pilates und Kindabholen – ab und an auf einen schnellen Kaffee, das war alles, was in ihrem Zeitplan für mich drin war. Das war ihr Angebot an mich, obwohl sie quasi um die Ecke lebt. Kein Problem, wüsste man, dass sie einfach irre gestresst ist. Aber dann insgeheim doch ein Problem, wenn man sieht, wie oft und wie viel sie ausgeht – nur eben nicht mit mir. Wie viele Einladungen sie gibt, ohne dass man je auf der Gästeliste steht. Das kann man ansprechen, fragen, woran es liegt. Aber wozu? Wer Lust hat, sich mit mir zu treffen, wird das tun. Der wird Zeit finden. Wer mich mag, wird mich einladen. Sie wird also ihre Gründe haben, mich nur für ein kurzes Stündchen, wenn überhaupt, sehen zu wollen. Vielleicht ist ihr unsere Freundschaft nicht so wichtig wie mir. Vielleicht wollte sie auch nie eine Freundin sein und ich habe die Erstsignale überbewertet. Wer weiß das schon.

Aber eins weiß ich mit Sicherheit: Seitdem ich sie in meinem Kopf als ‚Bekannte' führe, gehe ich mit dieser Tatsache sehr viel entspannter um. Man erwartet von Bekannten einfach nicht so viel. Muss man eine solche Entscheidung offen kommunizieren? Ich glaube nein. Es wäre mir komisch vorgekommen, zu sagen: „Ich dachte, du seist eine Freundin, aber du bist eigentlich nur eine Bekannte!" Da sie das eben ‚nur' ist, lohnt es sich auch nicht, ein so großes Fass aufzumachen. Man kann niemanden zur Freundschaft zwingen. Umgekehrt möchte man auch nicht mit jedem befreundet sein. Außerdem: Man kann selbst mit Bekannten sehr viel Spaß haben. Vielleicht in einem überschaubar und enger begrenzten Rahmen als in Freundschaften. Aber auch Bekannte haben Spannendes zu erzählen, vermutlich sogar den ein oder anderen Tipp für eine freie Wohnung, einen guten Babysitter oder einen Laden, wo die teuren Schuhe, die man so begehrt, so viel günstiger sind – oder man kann einfach super mit ihnen shoppen oder zum Sport gehen.

4. Wir sehen uns kaum

Freundschaft hat nichts damit zu tun, wie oft man sich sieht. Ich habe Freunde, die ich im regulären Alltagsstress nicht oft sehe, weil sich die Hobbys nur wenig überschneiden oder wir sehr weit voneinander entfernt leben. Ich kenne sie aber so gut und so lange, dass wir damit sehr entspannt umgehen – und sobald wir uns sehen, ist alles wie immer. Wir teilen ein solides Freundschaftsfundament, das nicht ständig auf Tragfähigkeit hin überprüft werden muss. Wir wissen, dass wir im Ernstfall für uns da wären und ganze Kontinente überqueren würden, um uns zu helfen. Wichtig bei alten Freundschaften: Keine Seite macht der anderen Vorwürfe! Niemand nörgelt: „Du hast letzte Woche SCHON WIEDER nicht angerufen!" Man verlässt sich einfach darauf, dass jeder sich meldet, sobald er ein Gespräch oder auch nur ein Update braucht.

5. Wissenslücken

Manchmal gibt es ein merkwürdiges Ungleichgewicht zwischen Freunden. Ich hatte mal eine Freundin, die mich bei unseren Treffen regelrecht ausgehorcht hat. Sie wollte alles wissen. Ich kam mir zuweilen vor wie beim Verhör: „Wie viel verdienst du mit deinen Büchern, wie war der Sex mit XY, wovon träumst du …?" Das sind natürlich Fragen, die man unter Freunden durchaus stellen darf. Aber umgekehrt war sie sehr, sehr zugeknöpft mit privateren Informationen und hat mich mit Nichtigkeiten abgespeist. Irgendwann gab es ein enormes Informationsungleichgewicht. Das macht eine Freundschaft schwierig.

Zu Freundschaft gehört Vertrauen. Wer mir vertraut, sagt mir auch Dinge, die er seinem Bäcker nicht anvertrauen würde. Umgekehrt gibt es in Freundschaften aber auch keine Auskunftspflicht. Carla, eine Freundin, erzählte kürzlich, wie sie mal nach Hause kam und die Freundinnen in ihrer WG sie zum Gespräch zitierten. Anlass: Die beiden hatten Carlas Tagebuch gelesen. Sie wollten sich nun dafür nicht etwa entschuldigen. Nein, sie machten Carla Vorwürfe, dass sie im Tagebuch Dinge gefunden hatten, über die Carla nicht mit ihnen geredet hatte. Ich finde, hier ist es wie mit Liebesbeziehungen – da muss man auch nicht ALLES wissen. Und dass man nicht ALLES weiß, ist keinesfalls eine Qualitätsminderung.

6. Alles anders

Hatten wir ja schon: Dass in Freundschaften oft noch die goldene Regel vorherrscht, es müsse sich mindestens um den Gleichklang zweier Seelen handeln. Wo es schon für größere Irritationen sorgt, wenn die eine den Film gut fand und die andere nur so mittel. Wenn sie SPD wählt und die andere Grün. Grundsätzlich würde das bedeuten, dass wir uns nicht ändern dürfen und – wie die Fliege im Bernstein – für alle Zeiten regungslos auf Altbekanntem kleben blieben. Das ist keine Freundschaft, das ist nur Angst, in Frage gestellt zu werden, Furcht vor Neuem und Fremdem. Eigentlich ist es also wunderbar, wenn man sich verändert und so die Freundschaft immer neue Impulse erhält. Aber es gibt auch Veränderungen, die gar keine sind. Weil es um Seiten einer Persönlichkeit geht, die man bislang einfach nicht abgerufen oder ignoriert hat. Die vielleicht nur in bestimmten Situationen zu Tage treten. Etwa wenn eine in Not gerät und die andere ihr nicht helfen will. Wenn man plötzlich in der aktuellen Flüchtlingsdiskussion ziemlich Befremdliches vorgetragen bekommt, was man – hätte es diese Diskussion nie gegeben – vielleicht gar nicht erfahren hätte. Freundschaft steht nicht über allem. Ich zum Beispiel möchte keine rassistischen oder homophoben Freunde.

7. Unvereinbare Interessen

Die können vorkommen, und ich kann das gut verstehen: Ich renne beispielsweise obsessiv und spreche darüber auch sehr gerne und sehr ausführlich (wenn man mich lässt!). Aber ich versuche, meine Freundinnen, vor allem die, die nicht laufen, damit nicht weiter zu belästigen (ich weiß, ich tue es trotzdem manchmal! Entschuldigung an dieser Stelle!). Ich ahne, wie unglaublich langweilig sich das alles anhört. Wen interessiert meine Pace (Zeit pro Kilometer), wen meine Zeit vom 25-Kilometer-Lauf beim Volkslauf in Eschollbrücken? Niemanden. Außer vielleicht die paar Freunde oder Bekannte, die selbst laufen. Die müssen das dann ertragen und dürfen im Gegenzug eben auch ihre Bestzeiten erwähnen. Umgekehrt gilt: Auch ich muss nicht alles über das Babyschwimmen von Marie-Lou oder Svens Streit mit dem Abteilungsleiter erfahren. Ich höre es mir gerne an – aber die Dosis macht's. Es ist wie bei Diaabenden früher: Die ersten 30 Bilder machen Spaß, bei Dia 155 denkt man über Flucht nach, bei 300 über Mord. Man darf über alles sprechen, aber eben nicht zu ausschweifend. Das langweilt. Trotzdem gilt: Ein wenig Interesse an dem, was der andere tut, wofür er sich begeistert und womit er sein Geld verdient, gehört dazu.

Wir können einfach nicht so **früh sterben** wie die Männer, weil ja die Fenster noch geputzt werden müssen, der Teppich gereinigt gehört und die Blumen auf dem Balkon umgetopft.

DAS BISSCHEN HAUSHALT ...

Einar bringt den Müll raus

Als ich noch viel jünger war, dachte ich, man müsste doch auch ohne Hausarbeit auskommen können. Schon weil ich als älteste Schwester bis zu meinem Auszug von daheim gefühlt so viel mehr gebügelt, gespült, geputzt und gekocht hatte als meine Geschwister, dass mir eine Ruhepause zustand. Am besten lebenslang. Sobald ich volljährig war, entschied ich, ein Leben ohne Abwasch müsse möglich sein, und gründete in meiner ersten eigenen Wohnung eine Vereinigung zur Vermeidung jeglicher Aufräumarbeiten. Mit fantastischen Ergebnissen. Einmal verlegte ich sogar eine ganze Geburtstagstorte. Ich fand sie drei Wochen später oben auf dem Küchenschrank. Ich hatte sie dort deponiert, damit ihr in all dem Chaos nichts passierte. Ich sah mich um: Es sah bei mir aus wie die Erde direkt nach dem Urknall. Und fand: Es war längst sehr viel anstrengender geworden, nichts zu tun, als endlich einmal den Tatsachen ins Auge zu blicken: Sein Nest sauber halten zu wollen ist ein natürlicher Instinkt.

Selbst in der Tierwelt gibt es nur wenige, die es anders halten. Vögeln könnte man sogar mit einer IKEA-Family-Card eine Riesenfreude bereiten, so gern dekorieren sie ihr Heim. Also räumte ich auf und habe seitdem nicht mehr damit aufgehört ... Einmal, weil so ein Haushalt nie fertig ist, sondern ewig im Zustand des Werdens bleibt. Und sobald man mit der Küche, dem Wohnzimmer, dem Flur UND dem Bad fertig ist, sich im Schlafzimmer schon längst wieder Handlungsbedarf zusammenrottet. Zum anderen aber auch, weil Frauen immer noch nicht nur ihren Teil der Hausarbeit leisten, sondern auch noch den überwiegenden Teil des Mannes und der Kinder. Da hat sich in den letzten 40 Jahren praktisch nichts geändert, sagt die Statistik. Demnach erledigen Männer bloß knapp 30 Prozent der Hausarbeit. Oder, um es mit Gaby Köster zu sagen: „Laut Statistik verbringen Männer täglich sechs Minuten im Bad, Frauen dagegen 38 Minuten: acht Minuten zum Schminken und 30, um den Dreck, den der Mann hinterlassen hat, wegzumachen."

Und nein, wir haben nicht vergessen, wie rührend sich junge Väter heute um ihren Nachwuchs kümmern. Daheim. Zu 80 Prozent gerade so lange, wie es braucht, damit das Elterngeld 14 Monate und nicht bloß zwölf bezahlt wird. Also zwei Monate. Und: Je engagierter und erfolgreicher eine Frau im Job ist, umso weniger tut ihr Mann im Haushalt und umso mehr übernimmt sie. Als müsste am Bügelbrett die ‚natürliche Ordnung' von ‚Ich Tarzan, du Jane!' wiederhergestellt werden. Als Reparationszahlung an das männliche Ego und als Botschaft an die Welt: ‚Schaut, ich bin ja gar nicht so eine verbissene Karrieristin. Eigentlich bin ich bloß eine emsige Hausfrau, die nebenbei eine Abteilung leitet, ein Restaurant schmeißt oder eine Drogeriefiliale führt.' Stimmt es etwa, was die US-amerikanische Autorin Anne Lamott einmal sagte: „You can get the monkey off your back, but the circus never leaves town!"? Dass wir also nach außen hin einiges geschafft haben – für uns selbst sorgen können, souverän, durchsetzungsfähig sind –, uns aber immer noch die Überzeugung in den Knochen steckt, man sei erst dann eine ‚richtige' Frau, wenn man Bettwäsche bügelt, damit der Mann weiß, dass es Liebe ist?

Ich denke an die Frau in meiner Reinigung, die von morgens bis abends dort unter subtropischen Bedingungen arbeitet. Samstags eingeschlossen. Und was tut sie am Sonntag? „Das ist der schlimmste Tag der Woche, da mache ich Hausputz." Natürlich kocht sie auch für die Familie, und zwar, was sie in ihrer kurzen Mittagspause vorher eingekauft hat. Und ihr Mann? „Der ist bei der Stadtreinigung. Der muss sich ja auch mal ausruhen." Wir offenbar nicht. Wir sind immer noch der Überzeugung, dass Arbeit und allemal Erfolg nach wie vor männlich sind und wir uns einer Art Amtsanmaßung schuldig machen, für die wir büßen müssen. Letztlich auch aus Angst, der letzte Ladenhüter auf dem Singlemarkt zu werden. Denn da gibt es ja immer noch das Gerücht, Männer könnte es abschrecken, wenn die Frau genauso erfolgreich oder noch erfolgreicher ist als sie. Undenkbar, dass eine sagt: „Keine Ahnung, wo meine Socken liegen." oder „Leider schlafen meine Kinder immer schon, wenn ich von der Arbeit komme." Während es umgekehrt anscheinend kein Zufall ist, dass der britische Expremier Tony Blair seiner Frau Cherie, einer brillanten Rechtsanwältin, den Heiratsantrag ausgerechnet dann machte, als sie gerade auf den Knien die Toilette der toskanischen Urlaubsvilla der beiden putzte.

Aber so verrückt es klingt: Auch eine bestimmte Vorstellung von Emanzipation hat das Ihrige dazu beigetragen, dass die ganze Verantwortung für den Haushalt sogar noch im dritten Jahrtausend an den Frauen hängt, als wäre sie dort festgewachsen. Frauen selbst haben ja dafür gesorgt, dass es irgendwann als ziemlich uncool galt, seine ganze Energie bloß in aprilfrische Wäsche und glänzende Böden zu stecken. Wir wollten Besseres zu tun haben. Also taten wir, was nun mal getan werden musste, zukünftig in aller Stille, und ohne großes Gewese darum zu machen. Statt zu sagen: „Ich habe hier vier Stunden meiner kostbaren Lebenszeit investiert, damit es blinkt und blitzt und leckeres Essen auf den Tisch kommt, seid gefälligst dankbar!", behaupteten wir, dass das alles nicht der Rede wert sei und gar keine Mühe gemacht habe.

Das kam vor allem jenen zugute, die aus Selbstschutz und Eigennutz ohnehin der Ansicht waren, das ‚bisschen Haushalt' würde von einem Norweger namens Einar erledigt. So wie bei meiner Freundin Petra: „Wann immer etwas bei uns daheim anfällt, sagt mein Mann ‚Einar müsste mal Butter und Brot einkaufen', oder ‚Einar sollte mal den Müll rausbringen', oder ‚Einar könnte mal die Fenster putzen'. Als hätte er mit all dem Chaos, das er im Haushalt verursacht, gar nichts zu tun. Als wäre ein anderer dafür zuständig. Ich natürlich. Denn letztlich bin ich ‚Einar'." Ich sage: „Wir alle sind Einar!" Und dass wir damit ganz nebenbei die Erklärung für die so viel längere Lebenserwartung von Frauen haben: Wir können einfach nicht so früh sterben wie Männer, weil ja die Fenster noch geputzt werden müssen, der Teppich gereinigt gehört und die Blumen auf dem Balkon umgetopft.

Wisch und weg

Fakt ist: Männer bescheren einem aufs Jahr gerechnet 60 zusätzliche Acht-Stunden-Arbeitstage. Zeit, in der man so herrliche Dinge tun könnte, wie mehrere Fremdsprachen zu lernen, wunderbare Bücher zu lesen, seinen Master in Kunstgeschichte zu machen, seinen Motorradführerschein oder im Garten einfach in den Himmel zu schauen – oder Bauch-Beine-Po in Bestform zu bringen. Stattdessen: eine Sporttasche, aus der es schon wieder nach Socken-Antiquariat müffelt, ein kaputter Lichtdimmer im Wohnzimmer (der nach eigener Aussage eigentlich schon seit einem halben Jahr repariert wird – ganz bestimmt aber dieses Wochenende) und sein Frühstücksgeschirr, das er ebenso wenig wegräumt wie den Teller mit Spaghettiresten, den er schon wieder in der Spüle hat stehen lassen.

Männer säen nicht, sie ernten bloß. Das kann einen ganz schön mürbe machen. Kein Wunder, wenn laut einer Studie ältere Frauen bei der zweiten, dritten oder gar vierten Beziehungsrunde sagen: „Gern wieder einen Mann, aber auf keinen Fall einen gemeinsamen Haushalt." Während ältere Männer praktisch schon nach dem ersten Kennenlernen ausrufen: „Weißt du was! Ich ziehe am besten so schnell wie möglich bei dir ein. Und ich sag's dir gleich: Ich kann nicht mal ein Spiegelei!"

Wir sollten dringend anfangen, über Hausarbeit zu reden. Denn was uns daheim nicht gelingt, das schaffen wir auch außerhalb der eigenen vier Wände nicht: für einen fairen Ausgleich zu sorgen, für Respekt vor unserer Arbeit und unseren Leistungen. Anders als für Männer ist Hausarbeit für Frauen deshalb auch der Anfang von allem. Wie sehr oder wie wenig wir uns da engagieren, wie viele Aufgaben wir übernehmen, entscheidet darüber, wie entspannt oder erschöpft wir sind, wie unzufrieden oder wie glücklich und letztlich sogar wie gut unsere Aussicht auf eine akzeptable Rente ist. Es ist nicht gerade die beste Idee, all seine Energien in ein Projekt zu stecken, das einem nichts weiter bringt als ein gütiges Tätscheln des Gatten, der froh ist, sich um all den unwichtigen Kram daheim nicht kümmern zu müssen. Zumal, seit es das neue Scheidungsrecht gibt, man für den Rückzug aus der Arbeitswelt und den Einzug in das Amt der Vollzeit- oder Teilzeithausfrau nicht mehr auf lebenslange Ausgleichszahlungen bauen darf.

Andererseits geht es auch nicht ganz ohne Hausarbeit. Vielleicht MUSS nicht alles, aber doch das meiste getan werden. ‚Einar' muss ja einfach einkaufen, wenn man essen will, ‚Einar' muss gelegentlich mal Wäsche waschen, die Böden feudeln, kochen, den Kühlschrank abtauen, das Bad putzen, die Kinder aus der Kita abholen, die Muffins für das Schulfest backen.

Und klar: Wir wollen uns nicht mehr nur über die Strahlkraft unserer Tischdecken definieren und längst noch anderswo als bloß im Reich der Hausfrau regieren. Aber wenn wir so tun, als wäre das, was wir daheim noch zusätzlich zu unseren Berufen leisten, nicht der Rede wert, dann wird es das auch bleiben. Jedenfalls so lange, bis die Hölle zufriert. Oder bis man bei unserer Freundin Cornelia Ahlers das kleine und große Hausarbeits-Einmaleins gelernt hat. Die Hauswirtschaftsmeisterin bietet Schulungen an und coacht Menschen, die verstanden haben, dass man gerade im Haushalt sehr dringend ein paar Rettungswesten braucht, will man darin nicht untergehen (www.haushalts-schule.de).

Zu ihr kommen frisch gebackene Junggesellen, aber auch Studenten, die ihre erste eigene Wohnung beziehen. Berufstätige Mütter ebenso wie gestandene Hausfrauen. Als Erstes erfährt man von ihr, dass man seinen Haushalt tatsächlich, wie es in der Staubsaugerwerbung heißt, als ein ‚kleines Familienunternehmen' betrachten sollte. Mit allem, was dazugehört: Buchhaltung, Verwaltung, Zeitmanagement, Aufgabenverteilung. Und wie in einem Unternehmen, erstellt man auch hier einen Produktionsplan ‚auf der Datenbasis einer gründlichen Zeiterfassung'. Also schreiben Mann und Frau eine Woche lang auf, was jeder wie lang im Haushalt tut. Ja, auch Hund ausführen, gebrechliche Eltern bekümmern, mit den Kindern in den Zoo gehen. Kinder sind nämlich entgegen anderslautenden Gerüchten kein Privatvergnügen, das Gott eigens für Frauen erdacht hat, damit wir uns nicht langweilen. „Ihre Betreuung gehört ganz klar zur Hausarbeit!", sagt die Fachkraft. Ist nach sieben Tagen alles notiert, was im Haushalt erledigt wurde, möchte die Frau die Scheidung. Der Mann sagt: „Da stimmt was nicht. Ich will noch mal eine Woche lang zählen. Kann ja gar nicht sein, dass ich bloß acht Stunden auf dem Zettel habe und meine Frau 72." Ändert aber auch nichts.

Cornelia Ahlers: „Das kommt schon mal vor. Wenn etwa eine Frau im ‚Erziehungsurlaub' ist. Selbst wenn man dann die 40 Stunden dazuzählt, die der Mann im Job beschäftigt ist, sind es immer noch ‚nur' 48 Wochenarbeitsstunden. Also die 40 plus die acht, die er im Haushalt arbeitet. Bleiben immer noch 24 Stunden, die die Frau mehr beschäftigt ist, und insgesamt 72 Stunden, die sie im Unternehmen ‚Familie' tätig ist." Ohne Bezahlung und Rentenausgleich. Hat man das mal so schwarz auf weiß da stehen, passiert meist etwa ganz und gar Unerwartetes. „Den Männern wird auf einmal klar, wie groß die Differenz wirklich ist. Und sie sind in der Regel bereit, daran etwas zu ändern." Zumal wenn man ihnen Methoden anbietet, die sie aus der Arbeitswelt kennen. „Alle meine Klienten sind immer überrascht, welche Potentiale eine durchdachte Organisation auf der Basis einer gründlichen Datensammlung bietet." Cornelia rechnet ihnen etwa vor, wie unökonomisch es ist, wenn man wie alle Menschen in Deutschland samstags für den Familieneinkauf den Supermarkt anfährt. Und dass sich pro Woche mindestens eine halbe Stunde sparen lässt, sobald man das montags erledigt – da ist es leerer. Macht schon mal zwei Stunden im Monat. Möglich, dass der Mann trotzdem behauptet: „Also, wenn du im Wohnzimmer unbedingt eine Operation am offenen Herzen durchführen möchtest – bitte –, das ist dein Ding. Mir genügt, wenn man durch die Fenster noch sieht, ob es Tag oder Nacht ist." Aber dann kann man immer noch sagen: „Verstehe, dass dir das nicht so wichtig ist. Geht mir ja manchmal ganz ähnlich. Ich finde zum Beispiel, dass deine Mutter nicht unbedingt ein frisch bezogenes Bett braucht, falls sie uns besucht. Und was die Kocherei anbelangt. Mir genügt eine Dose Ravioli."

Auch andere Krisenherde lassen sich mit haushälterischer Vernunft befrieden. Etwa die ewige Kampfzone Jugendzimmer. Auf die Frage, wo die persönliche des Teenagers aufhört und die Sorge um den Seuchenschutz anfängt, hat Cornelia Ahlers eine ziemlich überzeugende Antwort: „Man kann sagen: ‚Pass auf – du brauchst jeden Morgen etwa zehn Minuten, bis du deine Turnschuhe, dein Lieblings-Shirt oder ein bestimmtes Schulbuch gefunden hast. Und das ist vermutlich noch niedrig geschätzt. Das macht in der Woche 50 Minuten. Im Monat sind das über drei Stunden. In der Zeit könntest du Playstation spielen oder Sport machen oder gar nichts.'" Hach, Kinderarbeit ist ja nicht nur erlaubt. Sie ist sogar gesetzlich vorgeschrieben. Und zwar im Bürgerlichen Gesetzbuch, Paragraph 1619. Dort steht: „Das Kind ist, solange es dem elterlichen Hausstand angehört und von den Eltern erzogen oder unterhalten wird, verpflichtet, in einer seinen Kräften und seiner Lebensstellung entsprechenden Weise den Eltern in ihrem Hauswesen und Geschäft Dienste zu leisten." Außerdem ist es pädagogisch so was von wertvoll, Kinder eben nicht von der Hausarbeit zu befreien. Sie können und sie sollten da tätig werden. Und zwar schon sobald sie eine Tasse tragen können. Dann können sie die nämlich auch in die Spüle stellen. „Auf jeden Fall gehören auch Kinder in die Küche. Und nicht nur um eine fix und fertige Mahlzeit in Empfang zu nehmen."

Auch Cornelia hält nichts davon, wenn Mütter sagen: „Das Kind soll mal seine Schule machen. Das ist seine Aufgabe. Meine ist es, dafür zu sorgen, dass der Haushalt rundläuft." Schließlich würde in der Regel jeder in der Familie noch anderen ‚Aufgaben' nachgehen. Und außerdem sollte der Nachwuchs möglichst früh verstehen, dass eine Mutter kein Duracell-Häschen ist, das für ihn läuft und läuft und läuft. Das sei nicht kaltherzig, sondern Ausdruck von tief empfundener mütterlicher Fürsorge. Im Haushalt lernten Kinder ja etwas, was fast wichtiger ist als Stochastik: sich selbst zu versorgen, Umgang mit Geld, Wäsche zu pflegen, Verantwortung für andere zu übernehmen, und Respekt vor der Arbeit, ebenso wie vor denen, die sie verrichten. Cornelia, die ihre mittlerweile erwachsenen Zwillinge aus erster Ehe weitgehend allein großgezogen hat, sagt: „Ich wollte von meinen Kindern auf keinen Fall als ihr Bediensteter betrachtet werden." Und wie die beiden – Tochter und Sohn – oft gemosert hätten und wie es manchmal fast anstrengender gewesen sei, sie zur Mitarbeit im Haushalt zu bringen, als alles gleich selbst zu erledigen, was man den beiden aufgetragen hat. Aber es hat sich gelohnt. „Kürzlich sagte meine 22-jährige Tochter zu mir: ‚Mama, ich muss dir etwas gestehen. Ich habe deine Scheiß-Hauswirtschaft gehasst. Wir waren die Kinder, die am meisten von allen arbeiten mussten – dachten wir damals. Aber heute bin ich dir so dankbar. Ich kann kochen, ich kann backen, ich kann Haushalt führen. Es läuft alles, und viele Mädels in meinem Alter können nichts. Ich bin klar im Vorteil.' Auch mein Sohn kann natürlich planen, kochen, putzen und waschen. Ganz vorbildlich: Hosen auf links drehen, Reißverschluss schließen, Knöpfe öffnen. Perfekt sortiert nach Farben und Gewebe. Das funktioniert nur, wenn man die Kinder von Anfang an beteiligt." So wird der Nachwuchs eben nicht als Betreuungsfall in seine Zukunft entlassen, sondern als Überlebensexperte.

Ein Status, an dem die meisten Männer erfahrungsgemäß nicht gerade großes Interesse zeigen, weil er Arbeit macht. Nicht wenige behaupten sogar, gänzlich unbegabt zu sein und etwa Kochwäsche nicht von Buntwäsche unterscheiden zu können. Was dann hilft? „Konsequent klarzumachen, dass es kein Ausweg ist, sich blöd anzustellen." Und vor allem: die Debatte, wer wann was macht, von jeglicher Emotionalität frei zu halten. „Ich glaube, das ist eine ganz gute Idee. Hausarbeit ist etwas sehr Pragmatisches. Es hat rein gar nichts mit Liebe zu tun, sondern nur mit Vernunft: Wo zwei zusammenleben, da schmutzen auch zwei, haben zwei Hunger, und deshalb sollten auch beide aufräumen, putzen, einkaufen und kochen. So gesehen, ist eine gut strukturierte und organisierte Hausarbeit sicher immer auch irgendwie eine Art emotionale Entschlackungskur." Zu der gehört auch die Einsicht, dass die Illusion vom perfekten Haushalt der natürliche Feind der Frau und somit der Liebe ist.

Jede im Haushalt lebende Person verursacht pro Tag zwei Stunden Arbeit. Das wären mit Vater-Mutter-Kind schon sechs Stunden. Das ist sowieso nicht zu schaffen, will man außerdem noch einem Beruf nachgehen, Sport machen, Kinder großziehen und mit dem Mann auf dem Sofa herumlümmeln. Und deshalb braucht man es auch gar nicht erst zu versuchen. Natürlich, sagt Cornelia, sind Hygienestandards in der Küche und im Bad nicht verhandelbar. Ansonsten gilt aber: Sich beherzt durchwurschteln und Abstriche machen. Keine anspruchsvollen Fünfgängemenüs, keine gebügelten Unterhosen, gern mal eine Tiefkühlpizza fürs Kind (daran ist nach anderslautenden Gerüchten noch niemand gestorben), und wenn Besuch kommt, bloß auf Augenhöhe Staub wischen.

Wer in seinem Haushalt den Kopf oben behalten will, dem empfiehlt Cornelia Ahlers außerdem noch, Pläne für alle anfallenden Arbeiten zu machen. Zu den täglichen gehören etwa: aufräumen, Betten machen, das Badezimmer und in der Küche die Arbeitsflächen reinigen, lüften. Zu den wöchentlichen Abstauben, saugen, feucht wischen, Bad und Küche gründlich reinigen. Und zu den monatlichen – Schränke ausräumen, Fenster putzen usw.

Ja, das klingt verdammt spaßbefreit und ganz schön uncool. Ebenso wie das akribische Aufrechnen der Pflichten. Einerseits. Andererseits tun gerade wir uns keinen Gefallen damit, anzunehmen, dass wir das schon ‚irgendwie' schaffen, oder uns einreden zu lassen, dass wir das am besten ganz unauffällig nebenbei erledigen ... Oder dass ein Geschlecht, das Atomkraftwerke baut, mit dem Bestücken einer Geschirrspülmaschine überfordert sein könnte. Wer essen will, muss auch mal kochen und einkaufen. Wer schmutzt, muss putzen. Haushalt ist eben immer ein Balanceakt. Einerseits darf man ihn niemals unterschätzen. Auch damit man sich nicht darin verliert, ihm viel zu viel Zeit, Energie, Lebensqualität opfert. Andererseits kann man ihn ihm auch viel Schönes wiederfinden: Souveränität, Stolz, Sinn, Kompetenz und den Kampfgeist, den es braucht, mehr Männer dorthin zu bringen, wohin sie ja ohnehin längst auch gehören – an die Spüle, ans Bügelbrett, an den Herd. Dort können sie sich dann einmal ganz neue Erfahrungshorizonte erschließen. Zum Beispiel dieses herrliche Gefühl der ‚Nachwonne', von dem die Finnin Maria Antas in ihrem Buch ‚Wisch und Weg' über das Putzen erzählt: Wenn endlich doch mal das meiste erledigt ist, man sich nicht nur äußerlich, sondern auch innerlich wunderbar aufgeräumt fühlt. Das sollten wir Männern auf gar keinen Fall vorenthalten.

Manchmal
ist es besser,
man fragt nicht
lang und erklärt
nicht viel.

GURKEN IM ALL

Alles erklären heißt nichts verstehen

Kürzlich war ich bei Marion zum Essen eingeladen. Beim Hauptgang, einer unglaublich leckeren geschmorten Lammschulter, entschuldigte sich die Gastgeberin für die mittelprächtige Qualität der Hintergrundmusik: „Ich wollte längst richtig gute Lautsprecher statt dieses Notbehelfs vom Kaffeeröster. Klingt immer, als würde das Orchester in einer Waschmaschinentrommel sitzen." Ein Gast hatte gleich einen Tipp. Kostenpunkt: 400 Euro. Daraufhin atmete Marions Mann Eberhard erst mal sehr tief durch und sagte dann zu seiner Ehefrau: „Also ich finde die Anlage völlig ausreichend." Marion fing nun an, ihrem Mann weitschweifig zu erklären, weshalb er sich irrt. Warum die Anschaffung eigentlich sogar so vernünftig wäre wie ein Schirm bei Regen. Dass sie sich außerdem schon ewig wünscht, Musik endlich in perfekter Qualität zu hören, und man praktisch nicht richtig gelebt hat – ohne diese Lautsprecher. Der Hersteller wäre begeistert gewesen.

Der Ehemann war es nicht. Je mehr seine Frau argumentierte, umso mehr zog er sich auf ein wortkarges „nicht nötig", „überflüssig", „abwegig" zurück und darauf, besser als sie zu wissen, was sie braucht. So ging das ewig und ziemlich enervierend hin und her – ohne dass man zu einem Ergebnis kam. Erst dachte ich, warum kauft sie die Lautsprecher nicht einfach? Schließlich verdient sie ja auch ihr eigenes Geld. Und dann: Klar, kenne ich von mir. Frauen müssen sich dauernd erklären. Männer offenbar nicht. Ich kann mich jedenfalls nicht daran erinnern, eine ähnliche Diskussion zwischen den beiden erlebt zu haben, als er beim vorherigen Essen erzählte, dass er sich einen ‚Husqvarna Frontmäher R 115C mit 95 cm Mähwerk' für 3200 (in Worten DREITAUSENDZWEIHUNDERT) Euro kaufen würde. Er hatte die Anschaffung gar nicht erst diskutiert, und Marion hat nicht einmal gefragt, weshalb es der alte nicht noch tut. Wäre für mein Gefühl argumentativ auch recht eng geworden für Eberhard, bei dem kleinen Garten. Obwohl es natürlich interessant gewesen wäre, wie man so einen teuren Sitzrasenmäher mit der gerade so viel gepriesenen Vernunft erklärt: „Damit werde ich endlich in der Lage sein, fünf Fremdsprachen zu sprechen. Fließend. Und dabei noch täglich den Abwasch zu machen." Oder: „Das ist nicht bloß ein Sitzrasenmäher. Das ist der legendäre Welt-Drehgeschwindigkeitsregulator, mit dem der Weihnachtsmann den Kindern der Welt die Geschenke bringt." Oder: „Ich wollte es nicht, aber der BND sagte, dass ich nur so meine geheime Mission für unser Land erfüllen kann."

Na, jedenfalls war es wieder mal ein Beispiel dafür, wie Frauen sich dauernd erklären müssen. Männer dagegen verspüren offenbar selten diesen Drang: zu erläutern, weshalb sie Autofelgen im Gegenwert einer Malediven-Reise brauchen. Oder 2500 Schallplatten oder ein Rennrad für 5000 Euro. Sie erklären auch nicht, weshalb sie unbedingt mit ins Weltall sollten … So wie eine der Frauen, die in die engere Wahl für den nächsten bemannten (!!!) deutschen Raumflug gekommen war und nun befragt wurde, ob sie sich auch Frauen bei einer Marsexpedition vorstellen könnte. Sie sagte in ‚ML mona lisa': „Ich glaube, dass eine Frau da generell sehr viel Positives beitragen könnte, einfach weil generell mehr Kommunikation da mit dabei ist, und das könnte sich sehr positiv auf so eine Langzeitmission auswirken." Hat man je einen Journalisten einen Mann fragen hören, was Männer eigentlich so grundsätzlich im All zu suchen haben? Und umgekehrt einen Astronauten darüber referieren, was er da oben ‚Positives' beizutragen hat, was eine Frau nicht auch könnte? Und was wäre das wohl? Braucht man im All vielleicht auch jemand, der Gurkengläser aufschraubt? Gibt es Spinnen im Weltraum? Muss man schnarchen können und Brusthaare mitbringen, um Aliens abzuschrecken?

Überall rechtfertigen Frauen sich für Dinge, die für Männer ganz selbstverständlich sind. Wir erklären in episch langen Geschichten, in denen Überstunden, Verkehrsstaus, fiebrige Kinder und Meteoriteneinschläge vorkommen, weshalb wir es nicht mehr geschafft haben, die Hosen des Gatten in die Reinigung zu bringen. Und es statt eines selbst gemachten Gemüseauflaufs für die Kinder nun bloß eine Pizza gab. Er dagegen plant erst gar keinen Gemüseauflauf und taut gleich die Pizza auf. Ohne jede weitere Begründung. Warum auch. Ein Mann braucht auch bloß „Keine Zeit!" zu sagen, und schon ist klar, dass er zwischen Job und Fußball unmöglich noch Tante Martha vom Bahnhof abholen konnte.

Dauercamper in der Defensive

Männern würde auch im Traum nicht einfallen, sich für jedes Extra-Kilo auf den Rippen zu entschuldigen. Sie reden einfach nicht drüber. Und niemals kämen sie auf die Idee, sich für ein wenig Unordnung im Haushalt knietief in den Staub zu werfen. Sie denken: Ist halt so und bedeutet ja nur, dass ich wirklich Besseres zu tun habe, als hier hygienische Bedingungen zu schaffen, unter denen man auch eine Operation am offenen Herzen durchführen könnte. Wenn es jemand stört, kann er ja in Zukunft wegbleiben.

Frauen dagegen erzählen einem in epischer Länge, warum genau sie zu diesem und jenem nicht gekommen sind. Weshalb es sonst nicht so aussieht, und weisen einen auch noch darauf hin, was genau hier ganz und gar nicht in Ordnung ist. Als würden sie sich und die ganze Welt dauernd fragen: Darf ich das überhaupt? Unordentlich sein? Moppelig? Noch mit über 50 Bikini tragen? Mir was gönnen? Zum Mars fliegen? Beruflich erfolgreich sein? Meine Kinder mit dem Rad zum Fußballtraining fahren lassen, anstatt sie mit dem Wagen zu chauffieren? Kuchen kaufen, statt ihn selbst zu backen? Die Bettwäsche ungebügelt wieder aufziehen und dem Mann zeigen, wo der Dosenöffner liegt, anstatt ihm etwas Leckeres zu servieren? Kurz: Frauen sind Dauercamper in der Defensive. Ständig sind wir im Selbstverteidigungsmodus. Auch beim Shoppen. Nein, wir kaufen nicht einfach noch eine schwarze Hose. Wir begründen den Kauf mit einem Aufwand, als ginge es darum, zu erklären, weshalb der Berliner Flughafen immer noch nicht fertig ist. So wie kürzlich eine Frau in der S-Bahn. Die gesamte Strecke von Wiesbaden nach Frankfurt erläuterte sie ihrem Mann, weshalb diese gerade neu erworbene schwarze Hose ganz anders ist als die zehn, die sie bereits in ihrem Kleiderschrank hat. Dass dieses spezielle Schwarz viel besser zu einem bestimmten Blazer passt und der Schnitt der Hose viel mehr für sie tun würde als jede andere Hose jemals zuvor. Am liebsten hätte ich mich umgedreht und gesagt: „Ich glaube nicht, dass das Ihren Mann interessiert. Und bei mir bin ich mir da ganz sicher."

Obwohl es wenigstens für Männer ziemlich praktisch ist, dass Frauen einen so starken Hang zum schlechten Gewissen haben und immer gleich „ICH! ICH! ICH" rufen, sobald es Schuld zu verteilen gibt. Wurde man beispielsweise bei einem Seitensprung ertappt, kann die Verantwortung automatisch an die Frau zurückgegeben werden, und sie lehnt den Empfang nicht etwa ab. Nein, eine, die schon beim Kauf einer einfachen schwarzen Hose so viel Erklärungsbedarf sieht, wird sich selbstverständlich fragen, ob es nicht eigentlich an ihr liegt, wenn der Mann bei einer anderen schwach wird. „Die Eselsecke ist ein Frauenparkplatz“, schreibt deshalb auch die großartige Kolumnistin Karina Lübke in ‚BARBARA‘.

Egal in welchem Lebensbereich, überall entschuldigen sich Frauen schon mal vorab dafür, überhaupt da zu sein, und umso mehr noch dafür, weiterkommen zu wollen. Man muss sich ja bloß vorstellen, wir würden auf die Frage „Warum sollen Frauen in die Vorstände?“, antworten: „Aus demselben Grund wie Männer. Einfach so!“ Aber natürlich können wir nicht – wie sie – einzig mit ganz manierlichen Abschlüssen in die Chefetagen einziehen wollen. Nein, wir müssen unseren Mehrwert erklären, weitere ‚Produktvorteile an den Mann bringen‘. Nicht nur den Wunsch nach exzellenten Verdiensten, nach Entscheidungsbefugnis und den Möglichkeiten, mehr verändern zu können, als bloß eine Bonbonschale am Empfang aufzustellen. Wir sollen die Arbeitswelt kuscheliger und menschlicher gestalten. Als ginge es darum, einen Kindergeburtstag auszurichten, und nicht darum, einfach einen Job gut zu erledigen.

Aber warum eigentlich? Weshalb müssen wir uns für unser Dasein in der Arbeitswelt mit selbst gebackenem Kuchen für die Kollegen rechtfertigen und damit, sich die Geburtstage aller Kollegen zu merken und das Betriebsfest zu organisieren? „Weil wir es besser können“, sagt Alexandra und dass dieser Planet ein ganz schön trostloser Ort wäre, „würden wir die emotionale Ausstattung allein den Männern überlassen“. Zumal Frauen ihnen da haushoch überlegen wären. Mit Talenten zur Verbesserung der Atmosphäre geradezu gesegnet. Deshalb bürdet sich Alexandra auch seit Jahren klaglos die ganze ‚Sozialarbeit‘ der Agentur auf, in der sie arbeitet. Sie kümmert sich um die stets hilf- und orientierungslosen Praktikanten, den Junior-Texter, der sich in der Kaffeeküche regelmäßig an ihrer

Schulter seinen Liebesfrust von der Seele heult, räumt immer auch die Büro-Kaffeetassen der anderen in die Spülmaschine und wird bei Beförderungen und spannenden Aufträgen übergangen. Manchmal, sagt Alexandra, findet sie das auch ganz schön unfair. Aber dann behauptet sie, dass es eben Wichtigeres gibt. Wir, ihre Freundinnen, meinen: „Du bist so eine exzellente Grafikerin, meinst du nicht, dass das allein schon ziemlich abendfüllend ist und du nicht außerdem noch so viel Energie ins Nettsein investieren musst?“ Und dass sie bloß ausgenutzt wird. Aber ehrlich: Keine ist vor dem typisch weiblichen Rechtfertigungsdruck gefeit. Wir alle spüren ihn. Wobei jede ihr eigenes Erklärungsnotstandsgebiet hat.

Gabriele etwa listet uns nun schon so lange vermeintlich plausible Gründe dafür auf, wie unvermeidlich eine Lidstraffung bei ihr sei (nämlich in etwa so wie der tägliche Sonnenaufgang), dass Nina sie nur noch Chiara nennt. Nach Chiara Ohoven, die, in einem Interview von 2003 auf ihre plötzlich so voluminösen Lippen angesprochen, erklärte, es läge an ihrer neuen Frisur – ihr Mund erscheine nun so sehr viel größer als zuvor. „Mach es doch einfach!“, sagt Nina. Und: „Solange deine Oberlider nicht schon auf den Wangen hängen und du sie mit den Fingern hochhalten musst, wenn du überhaupt noch was sehen willst. Und deshalb kein Auto mehr fahren kannst – jedenfalls bis dieses Automated driving in Serie geht –, gibt es nur wirklich einen guten und überzeugenden Grund für den Eingriff: dass du ihn willst. Ich finde, das genügt völlig.“ Nina selbst macht keinen Hehl daraus, sich alle halbe Jahre ein paar Botox-Spritzen für die glatte Stirn zu gönnen. Nina hat eine andere Achillesferse: Sie blieb nach der Geburt ihrer Tochter Leonie und später ihres Sohnes Max insgesamt sechs Jahre daheim und arbeitet seitdem Teilzeit. Stets erklärt sie ungefragt und ohne, dass irgendjemand ihr auch nur den kleinsten Vorwurf gemacht hat: „Ich weiß doch, was alle denken: wie unemanzipiert ich bin, wie altmodisch und ob mir das nicht viel zu wenig ist, ‚bloß' für meine beiden Süßen da zu sein. Aber ich habe doch keine Kinder in die Welt gesetzt, um sie dann fremd betreuen zu lassen." Ein Satz, der wiederum Andrea zu Erklärungshochform auflaufen lässt, weil sie ein Jahr nach der Geburt von Mathilda schon wieder Vollzeit arbeiten ging.

Amazonen auf dem Mond

Ein Mann muss tun, was ein Mann tun muss. Eine Frau kann offenbar nicht aufhören, jeden ihrer Schritte mit ellenlangen Fußnoten und Beipackzetteln darüber zu versehen, wie genau er gemeint ist, warum er gemacht wird und weshalb er alternativlos ist. Das ist Notwehr. Weil man uns ja auch ständig zur Rechenschaft zieht. Wir können nicht einfach kinderlos sein, wir brauchen dazu eine hieb- und stichfeste Begründung. Wir können keinesfalls unkommentiert gar nicht stillen, aber eben auch nicht so lange, bis das Kind Freunde zum Essen mitbringt. Wir brauchen Antworten auf Fragen wie: „Wo sind eigentlich Ihre Kinder?" – „Wieso gibt es heute nichts Warmes zu essen?" – „Weshalb kannst du dir nicht auch für 20 Euro die Haare schneiden lassen, so wie ich?" Wir sollen erklären, weshalb wir mit über 40 Single sind. Und wenn wir sagen: „Weil ich es so will." oder „Also, es ist jetzt nicht mein EINZIGES Lebensziel, einen Mann zu haben", gelten wir als unehrlich. Denn die richtige Antwort muss lauten: „Bestimmt bin ich zu anspruchsvoll, und vielleicht sollte ich das nächste Mal einfach sagen, dass ich einen Kleinwagen fahre, und nicht einen Porsche. Und ganz sicher war es nicht nett, den letzten Parship-Kandidaten darauf hinzuweisen, dass die Hauptstadt von Mali Bamako und nicht Valletta heißt, das ist nämlich die von Malta. Oh je? Habe ich es schon wieder getan? Mein Fehler. Ich muss endlich aufhören, alles besser zu wissen, selbst wenn ich es besser weiß!"

Und natürlich gibt es einen gewaltigen Erklärungsbedarf, wenn eine Frau mit 50 noch schwanger wird, wie die Moderatorin Caroline Beil. Ganz anders bei George Clooney (56), den niemand als zu alt empfindet, um erst jetzt Vater von Zwillingen zu werden. Ganz zu schweigen von Männern wie Jean Pütz (letztes Kind mit 74), Anthony Quinn (letztes Kind mit 81), die ganz selbstverständlich in einem Alter Kinder zeugten, in denen sich die meisten ihrer Geschlechtsgenossen die Radieschen bereits von unten betrachten. Und nur zur Information: Auch bei Männern wird das Material nicht besser. Studien belegen, dass Krebserkrankungen, Diabetes und Herzfehler bei Kindern alter Väter sehr viel häufiger auftreten. Und laut ‚Psychology Today' ist das Risiko einer 40-jährigen Frau, ein Kind mit Trisomie 21 zu bekommen, ebenso hoch wie das eines 40-jährigen Mannes, ein Kind mit Schizophrenie in die Welt zu setzen. Das nur, um die Verhältnisse ein wenig geradezurücken.

Denn eigentlich haben wir überhaupt keinen Grund, uns für eine späte Schwangerschaft zu rechtfertigen. Schon gar nicht in einer Gesellschaft, in der Männer noch mit 60 behaupten, sie fühlen sich noch nicht reif genug für Nachwuchs. Umgekehrt aber müssen wir uns auch nicht für Kinderlosigkeit erklären. Jedenfalls so lange nicht, bis man auch Männern Fragen stellt wie: „Bedauerst du es gar nicht?" oder „Hast du keine Angst, einsam zu sterben?" oder „Was stimmt denn nicht mit dir?" oder „Machst du dir keine Sorgen, dass deine Frau dich verlässt, wenn du ihr keine Kinder schenkst?" oder „Denkst du etwa, dass dich deine Katzen im Altenheim besuchen werden?" Das wird schon deshalb nicht geschehen, weil man ja weiß, wie Männer reagieren. Sie würden sagen: „Das geht dich gar nichts an!" Während man die ohnehin stets unter Erklärungsnot stehenden Frauen jederzeit an genau dieser Achillesferse packen kann. Die sich fortlaufend selbst erklärende Frau wirkt dabei nicht nur sehr unsicher in allem, was sie entscheidet oder tut. Sie schwächt auch ihre Verhandlungsbasis. Wer sich dauernd rechtfertigt, signalisiert einen Verhandlungsspielraum, der so groß ist, dass er eine eigene Postleitzahl verdient hätte. Als würde man sich und andere ständig fragen: Darf ich das überhaupt? Ist das auch richtig so? Sind die anderen zufrieden damit? Mit mir?

Klar möchte man gern von allen verstanden werden. Von der Familie, den Freunden, den Kollegen, dem Chef und sowieso vom eigenen Mann und den Kindern. Wäre toll. In einer besseren Welt. Aber in dieser bringt einen die ganze Selbsterklärerei um viele Chancen – um Dinge, die wir gern tun würden, die uns glücklich machen können. Wir gehen von der grundfalschen Annahme aus, dass man über alles reden kann und die anderen bloß überzeugen muss. Und dass, sobald die erst mal verstanden haben, wie wichtig, nützlich, beglückend eine Sache ist, die schon abnicken werden. Wir wollen eine Erlaubnis zum Glücklichsein. Bei vielem aber handelt es sich einfach und ganz objektiv betrachtet um knallharte Interessenskonflikte. Und wenn man einem anderen seine Bequemlichkeit, seinen Status, den Chefparkplatz streitig macht, dann wird er natürlich nicht sagen: „Okay, Schatz, JETZT habe ich es verstanden. Hätte doch die Generation der Frauen zuvor die Sache so deutlich erklärt wie du, hätten Frauen das Wahlrecht schon seit Adam und Eva." Gerade im Kleinen wären viele Freuden viel ungetrübter, würden wir nicht dauernd so tun, als ob alles bloß eine Frage der Verkaufe wäre.

„Manchmal ist es besser, man fragt nicht lange und erklärt nicht viel", ist jedenfalls auch die Erfahrung von Ortrud. Eine Bekannte hatte ihr den Schrebergarten angeboten. „Ein Traum. Eine wirklich wunderschöne Idylle, total verwachsen mit einem total süßen Steinhaus." Ihr Freund fand ihren Plan unmöglich und fragte, was sie sich denn noch alles aufhalsen wolle – und sie ja dann überhaupt keine Zeit mehr für ihn hätte. „Dass er mir helfen könnte und wir beide da möglicherweise eine gute Zeit haben könnten, auf die Idee kam er nicht." Sie auch nicht. Dazu war sie viel zu beschäftigt damit, ihm Zeitpläne vorzulegen, die ihm nachweisen sollten, dass er und seine Versorgung sicher nicht darunter leiden würden. Selbst ihre Freundinnen hatten Bedenken. „Sie fragten, ob es der Garten denn wert wäre, dafür meine Beziehung zu riskieren." Je mehr Ortrud von ihrem neuen, grünen Glück schwärmte, umso mehr Einwände bekam sie zu hören. „Die Sache mit dem Garten wurde dadurch immer größer und größer. Irgendwann fühlte es sich an, als hätte ich vor, nach Australien auszuwandern, und nicht bloß, ein paar Tomaten, ein bisschen Salat und Erdbeeren anzupflanzen." Am Ende nahm sie den Garten nicht. Aber sie trennte sich wenige Monate später auch von Klaus. „Ich habe ihm zu übel genommen, dass er bei meinem Traum vom grünen Glück nicht mitziehen wollte. Heute denke ich allerdings, es wäre vielleicht ganz anders gelaufen, hätte ich einfach den Garten gemietet und gar kein Thema draus gemacht, sondern bloß gesagt: ‚Das mache ich jetzt. Basta!' Wenn Klaus gemerkt hätte, dass ich da nicht ansprechbar und verhandlungsbereit bin, wenn ich mich nicht dauernd vor ihm gerechtfertigt und versucht hätte, ihm das so schönzureden, würden wir heute möglicherweise beide dort im Sommer für Freunde Grillpartys ausrichten."

Kurznachrichten

Nein, viel reden bringt nicht immer viel. Deshalb sollte man sich mal vorstellen, man müsste einem Siebenjährigen erklären, dass man im Winter bei Minusgraden nicht mit kurzen Hosen in die Schule gehen kann. Sollte ein einfaches, aber ziemlich treffendes „Es ist zu kalt!" nicht genügen, muss es eben die Feststellung tun, „Weil ich es so will", sofern man an diesem Tag überhaupt noch mal das Haus verlassen möchte. Natürlich gäbe es noch eine dritte Möglichkeit: den Siebenjährigen tatsächlich in kurzen Hosen losziehen zu lassen, damit er am eigenen Leib lernt. Am Ende bekäme er eine fette Erkältung, und die würde die Sache mit der Erziehung bloß ungebührlich in die Länge ziehen. Und zwar auf unsere Kosten. Nach Jahrtausenden, in denen Männer das Lenken an sich gerissen haben, aus keinem weiteren Grund als dem, dass sie Männer sind – spätestens aber seit Trump zum Präsidenten der Vereinigten Staaten gewählt wurde –, müssten wir eigentlich wissen, dass sich nicht immer der mit den besseren Argumenten, der schöneren Seele, der größeren Sanftmut und Kompromissbereitschaft durchsetzt.

Es kommt der auf seine Kosten, der am wenigsten an sich zweifelt, der schnell entscheidet, der überzeugt davon ist, das Richtige zu tun, und dafür auch nicht erst eine repräsentative Umfrage unter sämtlichen Freunden, Familienangehörigen und seinen Facebook-Gruppen durchführen muss. Überhaupt wird das Leben sehr viel einfacher, wenn man aufhört, sich dauernd zu erklären. Übrigens auch für Männer. Sie kennen die Methode ‚Kurznachrichten' ja selbst bestens. Und hat man erst mal Tatsachen geschaffen, etwa die neue Stereoanlage gekauft, eine zwölfte schwarze Hose angeschafft, sich zur Lidstraffung angemeldet – oder entschieden, dass man ab sofort ganz sicher nicht mehr die Hälfte seiner Hälfte der Hausarbeit übernehmen wird –, finden sie sich erstaunlich schnell damit ab. Das gilt so ähnlich auch für den Nachwuchs, den wir ja nicht müde werden zu betexten: mit den Vorteilen eines aufgeräumten Zimmers oder einer rechtzeitig begonnenen Schularbeit oder von Bewerbungen ohne Fettflecken und Schreibfehler. Immer in der Hoffnung, mit dem Reden komme die Einsicht und der unwiderstehliche Drang, sofort das Sofa zu verlassen, die Party abzusagen, den Computer auszuschalten und das Handy wegzulegen, weil sie nun endlich VERSTANDEN haben, was das Beste für sie ist. Funktioniert aber nicht. Niemals.

Viel besser, man macht kurze, aber deutliche Ansagen und droht nicht nur mit ernsten Konsequenzen wie der Änderung des Passwortes am Familienrouter. Auch auf die Gefahr hin, ein paar Stunden lang gehasst zu werden. Das ist ja am Ende unsere eigentliche und so große Angst, dass man uns nicht mehr lieb hat, wenn wir zu fordernd, zu selbstständig und zu kompromisslos sind. Wenn wir aufhören zu verhandeln. Damit kriegt man uns immer. Darum denken wir, dass wir uns Liebe und Respekt erst verdienen müssen und ganz insgeheim auch, dass man Männer um Erlaubnis fragen sollte, will man sich in ihren Herrschaftsbereichen tummeln. Dabei können wir nicht nur, wir dürfen und sollten endlich einfach alles tun, was wir gern tun möchten. Ganz ohne Erklärung und Rechtfertigung. Sogar auf den Mond fliegen. Und sollte uns jemand fragen, warum, dann sagen wir: „Einfach so." Natürlich kaufen wir auch Lautsprecher für 400 Euro und reden bei Tisch endlich mal über spannende Themen: die Probleme der phylogenetischen Systematik, dem Zufall bei Kant, dem Mystizismus in der Physik, die Neue von Orlando Bloom und wozu man eigentlich einen Sitzrasenmäher zum Gegenwert einer Malediven-Reise für bloß 300 Quadratmeter Rasen braucht. Bin gespannt, was Eberhard dazu beizutragen hat.

Solange eine Frau lächelt,
wird ein Mann nie erfahren, dass er sich auch mal irren kann.

DAS LEBEN – EIN STREICHORCHESTER

Sätze, die die Welt nicht braucht …

Auch Sätze können unter einem Napoleon-Komplex leiden. So klein sie sind, so breit machen sie sich in unserem Leben. Streben wie schon andere legendär Zukurzgekommene – also Kim Jong-il (1,60 Meter) oder Silvio Berlusconi (1,65 Meter) – gnadenlos nach Einfluss. Ohne Rücksicht auf Verluste an Glück, Selbstbewusstsein, Erfolg, Lebensfreude. Wir sollten sie dringend daran hindern, sich größer zu machen, als sie sind. Deshalb hier eine kleine Auswahl der teuflischsten Wortzwerge, die ganz dringend aus unserem Repertoire gestrichen gehören. Und keine Angst – Sie brauchen keinen Container, Schuhschachtel genügt …

„Jetzt bin ich mal dran …"

Es war eine Bildungsreise nach Krakau. Wir waren von Frankfurt aus im Nachtzug unterwegs. Jeweils sechs von uns sollten sich ein Liegewagenabteil teilen. Kaum hatten wir unseres betreten, da warf eine Frau schon ihre Tasche auf eine der obersten, der besten Liegen und verkündete: „Hier schlaf ich!" Der Rest von uns meinte, ob man das nicht besser auslosen sollte. Das sei schließlich nur fair. Worauf Ingrid, Sekretärin in Rente, äußerte, dass sie in ihrem Leben mehr als ausreichend Rücksicht auf andere genommen hätte. Nun sei sie mal dran. Deshalb würde sie auch keinesfalls ihren Logenplatz räumen. Den hätte sie sich schließlich redlich verdient. „Endlich ich!", würde nun der Schlachtruf ihrer mittleren Jahre lauten. Ganz so, wie es uns auch Frauenmagazine und sogenannte Life-Coaches predigen. Eine Devise, mit der immer unterstellt wird, Frauen würden viel zu viel und viel zu lange immer bloß geben, geben, geben – ohne ausreichend an sich zu denken.

Klar, wer hört das nicht gern, dass er viel zu gut ist für diese Welt. Dass das Schicksal ihm noch was schuldet. Und zwar einen Blanko-Scheck. Für all das Kinderbekümmern und dafür, dass man dem Mann 22 Jahre lang die Unterhosen gewaschen hat. Zumal der sich dafür nicht etwa mit einer Überraschungskreuzfahrt bedankt hat. Nein, er ist ausgezogen, zu einer anderen Frau. Man hat also seine Lektion gelernt: Wenn man sich nicht um sich selbst kümmert, tut es niemand. Nun werden die Lebenskoordinaten also noch einmal gründlich überdacht. Man will nun dringend das viel zu enge Korsett aus Pflichtbewusstsein lockern, mit einem Ego-Coming-out Ausgleich schaffen. Sich nehmen, was man verdient hat.

Ja, aber bei wem denn? Bei einer Reisegruppe, die man bislang nicht mal kannte? Bei Freunden, Bekannten, Nachbarn, die nun ausbaden sollen, was jahrelange Konfliktscheu angerichtet hat? Etwa bei Bina, die bei ihrem Mann stets den Mund hielt und ihm klaglos das Zepter überließ. Bei der Urlaubsplanung, bei der Wahl des Restaurants, der Filme und sogar der Freunde. Die nie eingriff, wenn er wieder einmal seine kruden politischen Ansichten zum Besten gab. Nie sagte sie: „Ich mag lieber Italienisch als Thailändisch." oder „Ehe ich noch mal in so ein zugiges Surferparadies fahre, verbrenne ich lieber dein Surfbrett!" oder „Ich hasse französische Filme!" oder „Da habe ich sogar von Lothar Matthäus schon Klügeres gehört!"

Jetzt ist der Mann weg und mit ihm die Bereitschaft, zurückzustecken, klein beizugeben, zu verzichten. Nun kann man sich aber leider nicht mehr an Hartmut schadlos halten. Jetzt müssen halt andere die Konsequenzen tragen: „Meine Nachbarin wollte, dass ich eine Woche ihre Blumen gieße. Ich habe gesagt, ich müsste jetzt einfach auch mal an mich denken!" Oder: „Ich glaube, mir tut es nicht gut, wenn ich – bloß, weil Carlotta kein Geld hat – in so einer billigen Pension schlafen soll."

Keine Frage: Frauen können grundsätzlich IMMER mehr Biss, mehr ‚Ich!, Ich!, Ich!', mehr Zielstrebigkeit und Kampfgeist gebrauchen. Aber nicht nachträglich. Außerdem ist es sicher nie falsch, darauf zu hören, was einem guttut und was nicht. Das alles sollte man allerdings täglich und zeitnah erledigen, und zwar nach dem Verursacherprinzip bei jenen, die uns das alles am energischsten streitig machen. Anstatt es sich aufzusparen, um es dann an Leuten durchzuexerzieren, die bei der Grundsteinlegung für diese Haltung überhaupt nicht dabei waren.

Wer „Endlich ich!" sagt, der hat sowieso schon viel zu lange für andere davor gekniffen, die eigenen Sehnsüchte und Wünsche auch gegen Widerstände durchzusetzen. Und er öffnet das Tor zur sozialen Verelendung. Denn worauf läuft das hinaus: dass man sich einfach mit dem Satz „Für mich fühlt sich das nicht gut an!" von den Besuchen bei der schwer an Krebs erkrankten Freundin freistellt? Dass man die Nachbarin im Regen stehen lässt, weil man lieber zum Achtsamkeitsseminar geht, als die zwei Stunden auf ihr eines Kind aufzupassen, damit sie mit dem anderen, das stark fiebert, zum Arzt gehen kann? Und wie ist es umgekehrt: Sollte man selbst einmal Hilfe brauchen und Geduld und Verständnis, wäre es doch praktisch, man hätte Menschen um sich, denen dabei nicht gleich „Endlich ich!" einfällt, oder „Ich muss gar nichts mehr!" oder „Was mich nicht glücklich macht, muss weg!"

„Das ist zu jugendlich für dich!"

Lange Haare, schulterfreie Tops, Dekolleté, kurze Röcke, Glitzer-Shirts, Biker-Boots – je älter wir werden, umso ernsthafter erklärt man uns, es sei das Privileg der Jugend, sich als Frau hervorzuheben und modisch aus dem Vollen zu schöpfen. Stattdessen sollen wir uns doch lieber in Beige, Ocker, Ecru, Falb-, Holz-, Isabell- oder Teigfarben – auch mal mit einem kräftigen Semmelbraun – unsichtbar machen. Aber warum eigentlich? Weil das angeblich Spannendste am Frausein bloß die Jugend ist?

An Frauen gibt es lebenslang deutlich mehr zu vergöttern als das Geburtsdatum und den Hautwiderstand. Und selbst wenn man sich so anstrengen würde wie Donald Trump, das zu ignorieren, sind gerade ältere Frauen heute so wenig zu übersehen wie eine Herde rosa Elefanten in der Fußgängerzone. Weil sie Großes leisten, weil sie eine Ausstrahlung zum Niederknien haben, souverän sind, klug und weil sie dafür gesorgt haben, dass man an ihnen nicht mehr vorbeikommt. Frauen wie Angela Merkel, wie Meryl Streep oder auch Senta Berger oder die 82-jährige französische Intellektuelle Joan Didion, die das High-Fashion-Label Céline zu seinem neuen Gesicht gemacht hat. Und zwar nicht, weil sie wie eine 40-Jährige aussieht, der jemand das Geburtsdatum gefälscht hat. Joan Didion sieht auch aus wie 80plus: klein, hager, weißhaarig, faltig, ein wenig erschöpft vom Leben und trotzdem oder gerade deshalb wie das coolste Mädchen auf dem Schulhof des Lebens. Kurz: Wir sind spätestens ab 30 zu alt, um uns vorschreiben zu lassen, wie jung wir uns fühlen und kleiden dürfen, und uns von Männern erklären zu lassen, was genau das Bemerkenswerteste an Frauen ist.

„Was sagt denn Ihr Mann dazu?"

Ernsthaft? Ja: ernsthaft! Das werden Frauen immer noch gefragt. Und nicht bloß, wenn man erzählt, dass man gerade heimlich die Schallplattensammlung des Gatten auflöst oder plant, ein Jahr allein die Welt zu bereisen. Die Frage kommt, sobald eine sagt, dass sie mit Freundinnen übers Wochenende nach Kopenhagen fährt oder sich ein paar Locken ins Haar dreht, beruflich gerade viel unterwegs ist, einen Kredit braucht, um ein Geschäft zu gründen, oder wenn man wie Doris Schröder-Köpf eine eigene Politkarriere anstrebt. Dann muss man natürlich von Markus Lanz gefragt werden: „Was sagt Ihr Mann dazu?" Dabei ist die viel wichtigere Frage: Weshalb werden eigentlich Männer nie gefragt, wie ihre Frauen es finden, wenn sie für ihre Karriere den Kontinent wechseln? Oder warum sie immer genau so lange arbeiten, wie es braucht, um die Kinder nicht ins Bett bringen zu müssen.

Ja, man staunt, dass sich die Wissenschaft bei ihren Forschungen zum ewigen Leben immer noch an Plattwürmern abarbeitet, wo doch die Frage, was ein Mann davon hält, was seine Frau tut, mindestens so unsterblich ist. Meine Großmutter musste sie sich anhören, meine Mutter ebenfalls, und wo immer Frauen etwas selbstständig tun, fragen heute immer noch andere, wie und ob es dem Mann auch gefällt. Und wozu? Um sicherzugehen, dass da im Hintergrund einer gut aufpasst, damit die Frau nicht wieder eine jener Dummheiten begeht, zu denen Frauen fähig sind, sobald kein Mann in der Nähe ist? Dass die ranghöhere Instanz ihren Segen gegeben hat? Damit Frauen nicht anfangen zu glauben, sie könnten ganz allein eigene Entscheidungen treffen? Zugegeben, wenigstens für eine Sache ist diese Haltung gut: Man wird vom Cocktailkleid bis zur Mikrowelle praktisch alle Einkäufe in Nullkommanichts wieder los. Man braucht ja der Verkäuferin oder dem Verkäufer bloß zu sagen: „Das hat meinem Mann nicht gefallen!" Funktioniert immer. Selbst wenn man gar keinen Mann hat.

„Mein Mann kann nicht mal Spiegelei."

Wenn Sie jetzt glauben, ich habe mich im Jahrtausend geirrt, weil dieser Satz sicher mit dem Säbelzahntiger ausgestorben ist, dann irren Sie sich. Erst kürzlich begegnete ich ihm wieder, und er wirkte putzmunter. Eine 45-Jährige gab ihn als Grund dafür an, dass sie vor zehn Jahren ihren Job an den Nagel gehängt hatte und seitdem nur noch hin und wieder Teilzeit arbeitet. Sie erklärte, es sei einfach für das nackte Überleben der Familie notwendig gewesen, sich um Haushalt und Tochter zu kümmern – weil ihr Mann „nicht mal Spiegelei" könne und schon alle tot wären, hätte man ihn trotzdem in die Küche gelassen. Der Mann war zufällig auch gerade anwesend, und deshalb fragte ich: „Ihre Frau sagte, Sie könnten nicht mal ein Spiegelei braten. Wirklich?! Wäre es da nicht besser, Ihre Frau ginge arbeiten und Sie blieben daheim? Ich meine, es ist ja nicht ganz ungefährlich, jemanden, der nicht mal ein Ei aufschlagen kann, allein auf die Straße zu lassen." Es war ihm ziemlich peinlich. Und ihr auch. Mir nicht. Ich finde, wenn Männer schon nichts im Haushalt tun, sollten sie sich wenigstens in der so gewonnenen Freizeit selbst eine plausible Erklärung dafür einfallen lassen, warum sie zwar Apps mit Furzgeräuschen programmieren können, aber kein Spiegelei. Aber auch: weshalb eine Frau, bloß weil ihr Mann kein Spiegelei kann und nicht vorhat, daran etwas zu ändern, mit nur 220 bis 270 Euro Rente im Alter auskommen soll? So viel bekommen Frauen durchschnittlich für 20 Jahre Teilzeitarbeit. Deshalb muss man Männern, die nicht mal Spiegelei können wollen, wenigstens sehr zügig beibringen, wie sie Banküberweisungen für ihre Frauen ausfüllen. Jeden Monat eine mit einem Beitrag, der ausreicht, die Versorgungslücke ihrer Frauen zu schließen. Auch für den ja erfahrungsgemäß gar nicht so seltenen Fall, dass sich ein Mann entschließt, sich die Spiegeleier von einer neuen Frau braten zu lassen.

„Lächel doch mal …"

Furchtbar gern, sofern es einen großartigen Grund dafür gibt. Aber bloß weil man eine Frau ist? Ja, das ist zwar richtig toll.

Besser jedenfalls, als Markus Söder zu sein oder Dieter Bohlen. So viel Anlass zur Freude gibt das allerdings auch wieder nicht her, als dass man von morgens bis abends durchlächeln müsste. Sieben Tage die Woche. Ohne Urlaubsanspruch. Und würde das im Umkehrschluss nicht bedeuten, Männer führten ein grauenhaftes Leben – bloß weil sie Männer sind? Denn die lächeln laut Studien längst nicht so oft. Nur von denen erwartet das auch niemand. Gehört einfach nicht zu ihrer Arbeitsplatzbeschreibung. Zu unserer schon.

Und zwar so selbstverständlich, dass es weltweit sogar Schlagzeilen macht, sobald die Mundwinkel von Frauen auch mal durchatmen wollen. Victoria Beckham etwa ist geradezu berühmt dafür, vor der Kamera ein Gesicht zu machen wie 99 Prozent aller Männer. Sogar einen Namen hat es, wenn Frauen das Lächeln schwänzen. Es heißt „Resting Bitch Face", kurz RBF, also „permanentes Miststück-Gesicht". Dass man gleich als Zicke beschimpft wird, sobald man mal nicht lächelt, zeigt einem ja schon, wie übel es Frauen genommen wird, wenn sie die Grinsegruppe eigenmächtig verlassen und der Welt ihr Beruhigungsmittel verwehren.

Ein Lächeln schwächt alles ab und gilt – das haben zahllose Studien bestätigt – entsprechend auch als Unterwerfungsgeste. Eine lächelnde Frau signalisiert einem Mann, dass sie mit ihm und dem, was er tut oder eben nicht, einverstanden ist, selbst wenn das so gar nicht stimmt. Deshalb verstehen Männer so oft „Ja", obwohl wir „Nein" sagen. Mit einem Lächeln gleichen wir aus, was manchmal eben nicht ausgeglichen gehört, und wir schonen, wo man auch mal schonungslos sein könnte. So wie kürzlich bei einer Veranstaltung, ausgerechnet zum Thema ‚Geschlechtergerechtigkeit'. Sie fand auf einem Ausflugsschiff statt. Zur Mittagspause saß ich mit drei Frauen und einem älteren Hochschulprofessor am Tisch. Ich erzählte, wie unwohl ich mich eigentlich immer auf Schiffen fühle. Dass ich Flugangst

UND Angst vor Schiffsuntergängen habe. Dann sagte ich, dass mich bislang wenigstens die alte Seefahrer-Gentlemanregel „Frauen und Kinder zuerst in die Rettungsboote" ein wenig getröstet hatte. Bis ich eines Morgens zufällig im Radio von einer Studie hörte. Demnach würden sich Männer keinen Deut für das Wohl von Frauen und Kindern interessieren. Sie retten sich vor allem selbst, während Frauen nur halb so häufig einen Platz im Rettungsboot ergatterten wie ihre männlichen Mitpassagiere oder die Crew.

„Das ist doch wieder so ein typisches, von Frauen in die Welt gesetztes Männer-Klischee!", erzürnte sich der Mann. Ich sagte: „Aber es ist wissenschaftlich erwiesen. Ein schwedisches Forscherteam hat dafür Daten von 18 Schiffsunglücken in den vergangenen 100 Jahren ausgewertet." Darauf er: „DAS STIMMT EINFACH NICHT!" Und die anderen Frauen? Die sagten nicht etwa: „Ein Mann muss nicht ALLES besser wissen!" oder „Offenbar ist Donald Trump nicht der Einzige, der sich konsequent von den Fakten emanzipiert hat!" Sie lächelten milde und ließen so den Bock, der da gerade geschossen wurde, zu einem niedlichen Böckchen schrumpfen. Ja, das ist nett. Einerseits. Andererseits erfährt der so Verschonte ja nicht mal, dass er überhaupt geschont wird. Er wird weiterhin glauben, dass er nicht irren kann. Jedenfalls solange eine Frau lächelt.

Deshalb sollten wir das Frauenlächeln deutlich ernster nehmen und gaaanz vorsichtig dosieren. Es gehört in verantwortungsvolle Hände und ist sicher nichts, was man Männern einfach so gratis durchgängig zur Verfügung stellen sollte. Zum Schutz unserer Interessen und Bedürfnisse, allerdings auch zum Schutz der Männer. Die würden ja manchmal wirklich sehr gern erfahren, wie genau eigentlich „Ich will die Scheidung!" oder „Wenn du noch einmal deine Nägel in der Küche schneidest, zerschneide ich die Dauerkarte für Eintracht Frankfurt!" oder „Ich kann einfach nicht mehr!" zu verstehen ist. Und das gelingt deutlich besser, wenn man dabei nicht dauernd lächelt. Und schon gar nicht ist unser Lächeln etwas, auf das andere ein Recht haben, das sie einfordern können. „Stop Telling Women to Smile“ nennt sich deshalb das Streetart-Projekt der amerikanischen Künstlerin Tatyana Fazlalizadeh. Sie kämpft damit gegen die Belästigung von Frauen auf der Straße. Ihre Frauenporträts, die schon in vielen Städten in den USA, aber auch in Mexico City zu sehen waren, sind unter anderem mit „Frauen sind nicht zu eurer Unterhaltung auf der Straße“ unterschrieben. Sollte also wieder einmal jemand meinen, dass wir lächeln müssten, wo es nichts zu lächeln gibt, kann man auch sagen: „Das ist nur mein ‚Dass ich so gucke, wäre dir egal, wenn ich ein Typ wäre‘-Gesicht.“

„Frauen sind auch nicht besser …“
Warum sollten sie auch?

„Träume nicht dein Leben, lebe deinen Traum …“
Man kann nur ahnen, wie viele Frauen dieser Satz schon ins Unglück gestürzt hat. Frauen, die jahrelang einer sehr manierlichen Beschäftigung nachgingen, damit leidlich gut verdienten und sich keinerlei Gedanken darüber machten, ob ihre Arbeit sie auch wirklich voll und ganz erfüllt. Ob es tatsächlich ihr größter Lebenstraum ist, in der Buchhaltung einer Großbank zu sitzen, Grundschulkinder zu unterrichten oder Schuhe zu verkaufen. Es war vielleicht keine heiße Leidenschaft, die einen mit seinem Job verband. Sicher gab es Durststrecken und Trübungsfaktoren, nervige Chefs, blöde Kollegen. Doch er hatte eindeutige Vorzüge. Wenn Feierabend war, war Feierabend. Der Job finanzierte zuverlässig das Leben, die Freizeit, die Zahnspangen der Kinder, den Urlaub zweimal jährlich. Man hätte bis zur Rente damit sehr zufrieden sein können. Doch dann öffnete eines Tages jemand einen Glückskeks – und seitdem gilt ein Leben

nur als gelungen, wenn unser Herz jeden Morgen höherschlägt. Und nicht etwa nur weil man ‚Königsberger Klopse' auf dem Kantinenmenüplan entdeckt hat, sondern weil wir mindestens bis zur Raserei in unsere Arbeit vernarrt sein sollen.

Sagen wir es so: Bislang hatte man 20 ruhige, unspektakuläre, aber durchaus zufriedenstellende Ehejahre mit Manfred geführt, nun bekam man in Aussicht gestellt, dass mindestens eine heiße Affäre mit Jamie Dornan aus ‚Fifty Shades of Grey' für uns alle drin sei. Seitdem werden nicht etwa mehr Träume gelebt. Wir stehen bloß zunehmend unter Selbstverwirklichungszwang. Nun lautet die Botschaft: „Wenn das Unterwegssein dein großes Glück ist, wieso kaufst du dir keinen Laptop und wirst Reisebloggerin?" oder „Wenn die Aura-Soma-Beratung dein Traum ist, worauf wartest du noch?" Tja, vielleicht auf die Stimme der Vernunft? Die würde einem sagen, dass es kein Essen ohne Abwasch gibt und auf einen, der mit seinem ‚Traum' ordentlich Geld macht, Tausende kommen, deren Monatssalär gerade mal fürs Überleben reicht. Altersvorsorge und Krankenversicherung oft nicht inbegriffen. Und die herrlichen Bilder, die uns aus dem Kosmos der totalen Selbsterfüllung erreichen? Die verdanken wir oft Menschen, die davon leben, uns genau das schmackhaft zu machen. Wovon sie allerdings nicht leben könnten, würden sie anderen nicht die ‚Träumenichtdeinlebenlebedeinentraum'-Idee verkaufen. Bei Reisebloggern schätzt man, dass die eine Hälfte, die vermeintlich in paradiesischen Umständen arbeitet, sich damit leidlich über Wasser hält, für andere die Illusion aufrechtzuerhalten, dass Arbeit sich nicht wie Arbeit anzufühlen braucht. Auch mit Seminaren, die so verlockende Titel tragen wie ‚Werde die beste Version von dir selbst!', ‚Kreative Selbstständigkeit' oder ‚Wie du ein außergewöhnliches Leben führst'.

Ich hatte vor einer Weile Gelegenheit, so ein ‚außergewöhnliches Leben' aus nächster Nähe zu betrachten. Ich war mit einer jungen Reisebloggerin unterwegs in einer größeren Reisegruppe. Während die mit nicht ganz so hippen Jobs entspannt die idyllischen Städtchen besichtigten, in Straßencafés südfranzösischer Urlaubsorte die Sonne genossen, hatte sie keine Minute Ruhe. Dauernd suchte sie nach Motiven für ihren Blog, sprang wie ein Hase in den Gassen der Altstadt herum, um Bilder von sich und der Szenerie zu schießen, war so angespannt, dass ich bloß vom Zuschauen schon gestresst war. „Du hast gut reden!", sagt Carola an dieser Stelle (wozu hat man Freundinnen, wenn nicht dazu, sie als Probe-Leserinnen einzuspannen?!), und dass ich ja schließlich auch einen von jenen Berufen habe, um die man glühend beneidet wird. Ich sage: „Während ich dies hier geschrieben habe, schien draußen die Sonne. Es waren die ersten wirklich warmen Frühlingstage. Du hast vermutlich eine Fahrradtour gemacht, warst im Eiscafé oder auf dem Balkon. Ich habe geschrieben. Auch nachmittags um vier und vor neun Uhr morgens. Und nein, ich habe nicht gewartet, bis die Muse mal zufällig vorbeischaut und mich küsst. Da würde ich immer noch am Schreibtisch sitzen und zwar am ersten Satz. Ich habe der Muse befohlen: ‚Du hast hier gefälligst JEDEN MORGEN um acht auf der Matte zu stehen!' Und Mann, war die sauer. Hat sich fast eine Woche nicht blicken lassen. Deshalb musste ich ein ganzes Kapitel komplett überarbeiten." Dann erkläre ich Carola noch, dass selbst der Traumjob aller Frauen, Prinzessin zu sein, wahrlich kein Zuckerschlecken ist.

Erst kürzlich erzählte Victoria von Schweden über ihre Essstörung, darüber, wie sie den Druck, der auf ihr lastete, an ihrem Körper ausließ. Ein Phänomen, das unter den Prinzessinnen so verbreitet ist, dass es dafür sogar ein eigenes Wort gibt: Prinzessinnen-Krankheit. Noch so ein Grund, eigentlich ziemlich froh sein zu können, wenn man wie Carola einen sicheren Job hat, der mindestens so spannend ist, wie dauernd mit anderen Staatsoberhäuptern am Tisch sitzen zu müssen. Und nicht nur wegen der zuverlässigen Gehaltszahlungen, des geregelten Urlaubsanspruchs und des unumstößlichen Feierabends. Carola ist beim Finanzamt, hat vor allem mit Steuersündern zu tun und könnte ganze Bücher darüber schreiben, wie man Lügnern auf die Schliche kommt (falls Sie mal hinterziehen wollen: bloß keine weitschweifigen Geschichten, da wird Carola gleich hellhörig). Jeder Beruf hat seine Vor- und seine Nachteile. Deshalb sollten wir aufhören, uns die Welt in zwei Berufsgruppen einteilen zu lassen: die Spannenden und die Unspannenden. Denn das ist es ja letztlich, was uns suggeriert wird – es gibt Jobs erster und zweiter Güte. Solche, bei denen sich Arbeit gar nicht wie Arbeit anfühlt, und solche, die uns bloß von unseren Sehnsüchten fernhalten. Am Ende denken wir nur noch an das, was uns fehlt, und nicht mehr an das, was wir haben. „Träume nicht dein Leben, lebe deinen Traum", ist deshalb vor allem eines: das Einfallstor zum ewigen Fegefeuer der Unzufriedenheit. Das steht zwar nicht in einem Glückskeks. Aber genau deshalb könnte es richtig sein.

„Wenn ich erst mal …"

Als Kinder besuchten meine Geschwister und ich gelegentlich Onkel und Tante auf dem Land. Dort stand über Jahrzehnte – nein, kein Pferd, sondern eine riesige, sorgsam in Plastik eingewickelte Couchgarnitur auf dem Flur. Beim ersten Mal dachte ich noch, Onkel und Tante wären bloß noch nicht dazugekommen, sie auszupacken. Ist ja auch viel los auf so einem Bauernhof. Beim zweiten Mal vermutete ich, dass es vielleicht der Respekt vor dem alten Sofa sei und vor dem, was sich möglicherweise darauf abgespielt haben könnte, der die beiden daran hinderte, das altgediente Teil gegen das neue auszutauschen. Beim dritten Mal fragte ich meine Tante. Die erklärte mir, dass der Bauernhof, also auch das Haus, in dem die Familie lebte, nur gemietet sei. Dass es also irgendwie Verschwendung wäre, es sich hier richtig gemütlich und schön zu machen. Das neue Sofa hatten sie gekauft, weil es da gerade ein günstiges Angebot gab. Aufstellen wollten sie es aber erst, „wenn wir mal was Eigenes haben".

Es dauerte 15 Jahre, bis es so weit war und die Couchgarnitur zum Einsatz kam. Hätte man sie nun erstanden, wäre sie sicher noch einmal deutlich billiger gewesen. Denn sie war heillos aus der Mode. Aber das ist nicht der Punkt. Der ist: dass sie 15 Jahre, in denen sie – wie es so schön in der IKEA-Werbung heißt – hätten leben können, statt bloß zu wohnen, ungenutzt verstreichen ließen. Und dass wir es mit so ziemlich allem, was wichtig ist, genauso halten. Wir richten uns immer nur provisorisch ein, anstatt es uns gleich möglichst hübsch zu machen. Wir ziehen die Option auf ein Später der Gegenwart vor. Wir denken, erst wenn ich total dünn bin, kann ich mich im Bikini sehen lassen. Wir glauben, erst wieder mal eine Woche Urlaub mit den Freundinnen einplanen zu dürfen, wenn die Kinder aus dem Gröbsten raus sind. Also ungefähr in zehn Jahren. (Eigentlich erst in 15. Wenn man sich die schulischen Leistungen von Leonie anschaut und bedenkt, dass man im Zimmer des 16-jährigen Fritz gestern gerade ein Tütchen mit Marihuana gefunden hat.) Wir sind überzeugt, wir müssen Kochkurse besuchen und dann noch einen für Blumenarrangements, ein Weinseminar, eines für selbst gemachte vierstöckige Motivtorten und selbst genähte Platzdeckchen, bevor wir uns Gäste einladen. Und ehe nicht der Richtige an unserer Seite ist, darf man mit den Falschen auf keinen Fall Spaß haben. Umgekehrt kann man sich von einem lieblosen, desinteressierten Kerl natürlich erst trennen, wenn man eine bezahlbare Wohnung findet oder ihm noch 32 weitere Chancen gegeben hat, sich zu ändern. Geht es nach uns Frauen, beginnt das Glück immer morgen. Unter gewissen Voraussetzungen, die erst noch geschaffen werden wollen, und keinesfalls vorher.

Kurzum: Wir haben alle eine sehr sorgsam in Plastikfolie eingeschlagene Couchgarnitur in unserem Flur stehen. Wir gehen ab und zu daran vorbei und denken: Später! Ich muss erst noch warten, bis alle Koordinaten stimmen. Kann nur sein, dass man sein Ziel am Ende gar nicht erreicht, weil man so damit beschäftigt ist, sich immer neue ‚Wenns' in den Weg zu legen. Vielleicht fällt einem zwischendurch auch einfach ein Ziegelstein auf den Kopf. So oder so sollte das Sofa im Flur genau JETZT dringend ausgepackt werden.

„Das hat sicher seinen Sinn ..."

Das bekommt man gern zu hören, wenn bei einem gerade eine schlimme Krankheit diagnostiziert wurde. Solch eine wie Krebs, multiple Sklerose, Herzerkrankung. Dann raten einem andere, denen es deutlich besser geht, man solle die schiere Gemeinheit des Lebens doch einfach mal als Chance begreifen. Als perfekte Gelegenheit für inneres Wachstum. Denn ganz bestimmt will einem das Schicksal mit Nierenkrebs oder Diabetes, mit ungewollter Kinderlosigkeit oder Jobverlust irgendwas Bedeutungsvolles sagen. Aber was könnte das sein? Sollte man sich mal wieder hübsche Unterwäsche gönnen? Nicht mehr bei Rot über die Straße gehen? Den Sessel im Wohnzimmer doch lieber auf die Fensterseite stellen? Sich bei der Schulfreundin aus der sechsten Klasse entschuldigen, weil man ihr damals von hinten einen Kaugummi in das so beneidenswert lange Haar klebte (was sie bis heute nicht weiß). Wieso schreibt einem das Universum nicht einfach mal 'ne kurze WhatsApp, anstatt einen ausgerechnet auf eine Krebsstation zu schicken?

Schon mal daran gedacht, dass einem das Schicksal damit gar nichts weiter sagen will? Außer dass das Leben unfassbar ungerecht ist, weil manche manchmal einfach bloß schrecklich großes Pech haben? Im Unglück anderer Leute einen Sinn entdecken zu wollen ist zu gar nichts gut. Außer sich selbst zu entlasten. Von der Angst, dass einem so etwas auch passieren könnte, und vom Mitgefühl. Der Gedanke: Wenn etwas einen

Sinn hat, dann kann es ja so schlimm nicht sein. Möglich auch, dass dies die zweite große Zumutung ist: dass der Betroffene selbst verantwortlich ist, für das, was ihm da passiert. Weil er ‚innere Konflikte' unbewältigt ließ, ‚alles in sich hineingefressen hat'. In diesem Fall ist die Krankheit also so etwas wie ein Lehrauftrag, ein Coaching, aus dem man lernen soll, jemand ganz anderes zu sein.

„Die Leute wissen gar nicht, was sie einem antun", sagt Christiane, bei der vor einiger Zeit Blasenkrebs diagnostiziert wurde. „Mir ging es auch ohne diese Vortäuschung von Anteilnahme total elend. Ich dachte, ich werde bald sterben und könnte nicht mal erleben, wie meine jüngste Tochter eingeschult wird. Und da sagte mir eine Nachbarin tatsächlich, es sei ja nachgewiesen, dass es Menschen gäbe, die den Krebs geradezu magisch anziehen, weil sie ihr Leben nicht im Griff haben. Hätte nur noch gefehlt, dass man mir sagt, dass ich meine Chemo besser selbst bezahle, wo ich den Krebs offenbar angebettelt habe, sich häuslich bei mir einzurichten." Dabei konnte die viel zitierte Krebspersönlichkeit, die lange verbreitete Theorie, durch bestimmte Charaktermerkmale selbst für eine Krebserkrankung verantwortlich zu sein, in wirklich keiner Studie bestätigt werden. Dennoch finden sich im Großraum von Betroffenen immer noch ausreichend Menschen, die behaupten, es gäbe da einen ursächlichen Zusammenhang. Damit wäre man nicht nur für die Erkrankung, sondern auch für seine Genesung zuständig. Christiane: „Plötzlich kamen Leute zu mir, die ich eigentlich kaum kannte, mit lauter guten Ratschlägen. Manche empfahlen mir, meinen Blasenkrebs zu umarmen. Andere behaupteten, dass sich darin die Überlastung ausdrücke, der ich als alleinerziehende, berufstätige Mutter nicht rechtzeitig die Stirn geboten hätte … Und meine Exschwägerin meinte gar, dass sich darin meine Beziehungsunfähigkeit zeige, und empfahl mir ein ‚Verbundenheitstraining' und eine ‚Hintergrundaufarbeitung'. Ich war so wütend. Ich hätte sie alle am liebsten verprügelt. Wenn ich von der Chemo nicht so geschwächt gewesen wäre."

Nein, man muss nicht aus jeder Zitrone, die das Schicksal gerade so großzügig spendiert, auch noch Zitronenlimonade machen. Und Katastrophen sind nicht einfach bloß sehr, sehr große Post-its, auf die das Leben seine Lektionen niederschreibt. Manchmal ist das einzig Gute am Schlechten, dass es endlich einmal nichts Gutes zu haben braucht. Und die Überzeugung, dass der Kosmos einem rein gar nichts damit sagen will, außer dass man einfach die Arschkarte gezogen hat. Manchmal muss man einfach auch nur mal „Scheiße! Scheiße! Scheiße!" schreien dürfen.

Vielleicht fragt man mal jene, die schon dort waren, wo man sich gewöhnlich anhören muss, dass alles seinen Sinn hat und die Zeit angeblich alle Wunden heilt. Dann erfährt man etwa von Marion, man solle sich doch bitte auch die Geschichten von wundersamen Heilungen sparen, „mit denen ich von allen Seiten bombardiert wurde, sobald ich von meinem Krebs erzählte. Von der Frau, die praktisch schon einen Hospizplatz hatte und ihre Prognose jetzt schon zehn Jahre überlebt hat. Vom Schwiegervater des entfernten Cousins, der es dank eines Schamanen geschafft hat. Von der Schulfreundin der Nachbarin, der ein bestimmtes Öl geholfen hat, dem Tod in letzter Minute von der Schippe zu springen. Das verunsichert einen total. Man denkt dauernd, dass man vielleicht das völlig Falsche tut, wenn man sich auf die Chemotherapie verlässt. Ich hatte aber auch das Gefühl, dass diese Geschichten vor allem jene trösten, die mir davon berichteten. Wie ich, wollten sie eben auch nicht wahrhaben, dass das Happy End bisweilen einfach ausfällt."

In den USA gibt es mittlerweile sogar Karten, die genau das thematisieren: was wegkann in den Extremsituationen des Lebens. Darauf steht etwa: „Bitte lass mich die Erste sein, die demjenigen eine knallt, der dir sagt, dass alles aus einem bestimmten Grund passiert!“ oder „Ich will, dass du weißt, dass ich niemals versuchen werde, dir irgendeine beliebige Behandlung zu empfehlen, von der ich im Internet gelesen habe!“ oder „Ich verspreche hiermit, dass ich deine Krankheit niemals als eine Reise bezeichnen werde.“ Entsorgen wir also die billigen Trost-Floskeln in den ‚Zunichtsnutze‘-Container. Fragen wir lieber jene, die schon dort waren, wo man sich Sätze wie „Wenn du denkst, es geht nicht mehr ...“ anhören muss, was hilft. Die sagen dann: Einfach da sein. Nicht Abtauchen. Und falls möglich, zeigen, dass der Mensch mehr ist als seine Krankheit. Es für ihn noch Normalität gibt, man auch noch gemeinsam lachen kann. Selbst und gerade dann, wenn die Lage tatsächlich ziemlich hoffnungslos scheint.

Ein echtes Trost-Role-Model ist der New Yorker Fotograf Bob Carey. Bekannt wurde er als „der Mann im rosa Tutu“. Als seine Frau vor zehn Jahren die Diagnose Brustkrebs bekam, schenkte er ihr ein Foto von sich, nackt im pinken Ballett-Röckchen, das sie aufheitern sollte. Das gelang nicht nur bei ihr. Das Motiv und die Absicht rührten erst Linda, dann die ganze Welt. Daraufhin entschied Bob, weitere Fotos von sich im Tutu zu machen. Linda teilte die Bilder über soziale Netzwerke auch mit anderen an Brustkrebs Erkrankten und merkte, dass sie andere Menschen damit aufmuntern konnte. Daraus entwickelte sich ‚The Tutu Project‘. Eine perfekte Anleitung zum Trösten. Denn dazu gehört die Bereitschaft, sich auch mal zum Horst zu machen, einmal nicht zu wissen, was man sagen, wie man helfen soll, und genau darüber zu reden.

„Kauf dir doch einen Hund!“

Als mein Großvater starb, trug meine Großmutter ein Jahr lang Schwarz. Es folgte ein weiteres Jahr mit etwas, was sich ‚Halbtrauer‘ nannte und bedeutete, dass sich in das Schwarz immerhin schon mal weiße Muster mischen durften. Ein Zeichen. Man konnte auch mal wieder ausgehen und war auf dem Weg zurück ins Leben. Das mag uns harsch vorkommen. Einerseits. Andererseits haben wir heute offiziell nicht mal mehr zwei Monate Zeit, um den Verlust eines geliebten Menschen zu betrauern. Das hat die ‚American Psychiatric Association' (APA) in den USA so entschieden. Sie bestimmt, ab wann bei Symptomen wie Traurigkeit, Appetitverlust, Konzentrationsschwierigkeiten, Energielosigkeit die Diagnose Depression gestellt wird. Noch vor zwei Jahren hatte sie für eine ‚gesunde Trauer' zwölf Monate vorgesehen. Jetzt erklärt der Diagnosekatalog die Trauer bereits nach zwei Wochen zur Krankheit. Das bringt vor allem der Pharmaindustrie auf einen Schlag Millionen neue Kunden. Aber es bringt auch Erleichterung in einen Alltag, in dem wir uns nicht mehr allzu lange mit dem Elend anderer aufhalten wollen. Da verlieren Kollegen, Nachbarn, Freunde oft schon nach ein paar Wochen die Geduld. „Mir wurde ernsthaft empfohlen, mir einen Hund anzuschaffen", erinnert sich Claudine, die vor einem halben Jahr erst ihren Mann verlor. Sie bekam außerdem zu hören, dass das Leben weitergeht, sie endlich ‚nach vorne schauen' und ‚loslassen' müsse. „Ich will aber gar nicht loslassen. Denn die Trauer hält mich ja auch in Verbindung mit Udo."

„Jeder, der schon einmal einen geliebten Menschen verloren hat, jemand, der wirklich essentiell für ihn gewesen ist, weiß, dass es Jahre dauert, diesen Verlust zu akzeptieren. Trauer ist ein so langer Prozess, der niemals wirklich zu Ende ist", sagt auch die amerikanische Schriftstellerin Cheryl Strayed. Sie verlor mit 26 Jahren unter traumatischen Umständen ihre Mutter und verarbeitete den Verlust mit einer 1600 Kilometer langen Wanderung durch die Wildnis. Über diese Erfahrung schrieb Strayed ein Buch, das ein Weltbestseller wurde und Vorlage für den Film ‚Der große Trip'. Mir gefällt ihre Haltung zur Trauer. Einfach weil sie gnädig und menschlich ist. Cheryl Strayed meint, dass sich die Lücke, die so ein Verlust hinterlässt, nie schließen wird, „und nichts wird sie je füllen können". Das ist schrecklich. Aber auch gut. Denn die Trauer um geliebte Menschen ist eine Art Würdigung dessen, was sie für uns waren und was wir hoffentlich auch für andere sind: einmalig. Unersetzlich. Dennoch spricht nichts dagegen, sich einen Hund anzuschaffen. Man hat ja mehr Zeit, wenn man sich erst mal von Leuten getrennt hat, die einem genau das vorgeschlagen haben.

„Ich bin keine Feministin …"

Das sagen Frauen manchmal. Das verkündete erst kürzlich auch Yvonne Catterfeld in ‚EMOTION'. Begründung: Sie komme mit Männern super klar. Und „ich finde immer, Feminismus klingt wie ‚gegen Männer'. Es klingt mir zu einseitig." Logisch, wenn man Feministin ist, darf man auf keinen Fall mit Männern klarkommen. Umgekehrt kommen ja auch Männer nicht mit Frauen klar, die sich als Feministin bezeichnen. Glauben Frauen, so würden sie sich total unbeliebt machen? Noch ein Grund, weshalb sie gern nicht nur denken, sondern öffentlich bekunden, sie seien auf keinen Fall Feministin. Ganz so, als handle es sich bei dem bösen ‚F'-Wort um einen üblen Zauber, der einen sofort unattraktiv macht, quasi ‚unfickbar'. Und das ist offenbar das Allerallerallerschlimmste, was einem als Frau überhaupt passieren kann.

Aber ehrlich: Sich ostentativ vom Feminismus loszusagen ist so clever, als würde man die Menschenrechte als unsexy bezeichnen. Damit wäre man nämlich unbedingt dafür, dass Männer – nur weil sie Männer sind – Privilegien genießen, die Frauen – nur weil sie Frauen sind – nicht verdienen. Man würde ignorieren, wie viel Frauen in der Vergangenheit unter den schwierigsten Umständen und größten Opfern dafür getan haben, dass etwa auch Yvonne Catterfeld selbst entscheiden kann, ob sie arbeitet, Kinder bekommt, Interviews gibt; wann und ob sie Sex in der Ehe hat. Aber auch, dass „Nein" Nein heißt und nicht, „wenn der Mann es aber will, dann ist es ein Ja“. Will man keine Feministin sein, würde man außerdem abnicken, dass Männer aktuell bei gleicher Arbeit durchschnittlich immer noch 22 Prozent mehr auf ihrem Gehaltszettel haben und nach wie vor zu 92 Prozent an den entscheidenden Hebeln der Wirtschaft sitzen. Dort also, wo unter anderem die Arbeitsbedingungen von Frauen festgelegt werden und damit die Vereinbarkeit von Mutterschaft und Beruf. Darüber hinaus würde man es vollkommen in Ordnung finden, dass Männer sich heute kaum mehr im Haushalt beteiligen als ihre Geschlechtsgenossen in den 70er-Jahren. Umso weniger übrigens, je erfolgreicher ihre Frau im Job ist.

Ist man gegen Feminismus, dann ist man auch dafür, dass eine nackte Frau – wie kürzlich im niederländischen Fernsehen – von zwei Männern vor laufender Kamera danach begutachtet wird, ob sie nun bloß fett ist oder doch schwanger. Man hätte auch nichts dagegen, mit ziemlich spärlich bekleideten Frauen Autos, Motorräder und die Idee zu verkaufen, dass ein Mann gern mal zupacken darf. Schließlich ist er ein Mann, und für eine Frau ist es ja irgendwie auch ein Kompliment, wenn man Lust bekommt, sie zu betatschen. Im Bus, bei der Arbeit, auf der Straße. An dieser Stelle sagen manche Männer gern, wir brauchen uns in unsrem Alter wenigstens über den letzten Punkt ÜBERHAUPT keine Sorgen zu machen. Es ist ja nur logisch, wenn man so spätestens ab 40 zur Feministin wird. Als ernstzunehmendes Sexualobjekt ist man ja nun arbeitslos und braucht eine neue Bestimmung. Als sei Feminismus wie Krähenfüße und Blasenschwäche eine Alterserscheinung. Dann sagen wir: Dass wir NATÜRLICH vorher schon Feministinnen waren und selbstverständlich schon immer gegen Kerle, die uns unsere Rechte streitig machen, und uns dann noch mit dieser wirklich dämlichsten aller Strategien überhaupt davon abhalten wollen, diese Rechte in Anspruch zu nehmen: uns für unattraktiv zu erklären. Zum Glück gibt es immer mehr Männer, die verstanden haben, dass vom Feminismus alle profitieren würden. Das sind sowieso eindeutig die interessanteren. Jetzt muss es bloß wieder mehr Frauen geben, die klug genug sind, zu verstehen, dass wir am Ende immer die Dummen sind, wenn wir sagen: „Ich bin keine Feministin." Auch und gerade bei den Männern, die diesen Satz gar nicht oft genug hören können.

„Ewiges Leben kann man essen …"

Das MUSS ja gesund sein. Gut sieht es nämlich nicht aus. Eher wie etwas, mit dem man Fliesen verfugen kann. Die Pampe aus Superfood, die uns Marlies gerade vorsetzt, gemacht unter anderem aus Açai-Beeren aus Südamerika, Goji-Beeren aus China, Chia-Samen aus Mexiko und Quinoa aus Peru. „Damit werdet ihr so alt wie eine Galapagos-Schildkröte. Bei bester Gesundheit und so jung aussehend, als hätten die letzten 80 Jahre gar nicht gezählt", verspricht sie. Ich finde, das ist das Wenigste, was das Zeug für mich tun kann, nachdem ich es auf mich nehme, die Schüssel auszulöffeln. Ganz und gar nicht aus Leidenschaft. Mehr aus Freundschaft. Obwohl sich zwischen Marlies und mir in der letzten Zeit einige Gräben auftun. Superfood-Gräben sozusagen. Sie isst nämlich nur noch Sachen, die etwas ‚bringen'. Auf deren Schultern die ganze Verantwortung für ein langes Leben, für Gesundheit, Schönheit und sogar die Krebsprophylaxe lastet. Marlies glaubt zum Beispiel, dass die zwei Esslöffel Kokosöl, die sie täglich zu sich nimmt, sie vor Alzheimer bewahren werden. Ganz abgesehen davon, dass es sich bei dem Fett ihrer Ansicht nach ohnehin um eine Art Superhelden handelt.

Ich sage, Studien belegen zwar, wie gesund das Zeug ist, aber längst nicht in dem Ausmaß, das es rechtfertigt, dass wirklich alles, was man damit zubereitet, nach Kokos schmecken muss. Und außerdem schadet die ‚Kokosnussierung' unserer Küche der Umwelt – und so wirkt das bisschen Benefit bereits sehr zweifelhaft. Schon werden die Palmen in der Karibik knapp. Wie die Ernährungs- und Landwirtschaftsorganisation der Vereinten Nationen berichtet, sind die Anbauflächen innerhalb von 20 Jahren um 17 Prozent geschrumpft. Auch Chia-Samen sind ganz und gar nicht die Wundertäter, für die sie Marlies hält. Sie sollen den Blutdruck senken, den Blutzuckerspiegel regulieren, gegen Sodbrennen helfen, Gelenkschmerzen lindern etc. Aber sie enthalten auch von Natur aus giftige Substanzen, wie zum Beispiel Blausäure: Bei mehr als 20 Gramm pro Tag bestehe die Gefahr einer Vergiftung, so die Ernährungswissenschaftlerin Monika Bischoff.

Überhaupt ist die schöne Idee, dass das, was auf unseren Teller kommt, direkt Krebs bekämpft oder gar nicht erst entstehen lässt, Falten ausbügelt, Jugendlichkeit garantiert, leider falsch. Das alles ist von viel mehr Faktoren abhängig als bloß von der Ernährung. Und längst nicht an allem können wir drehen. Nicht an der Luftverschmutzung, nicht an den Genen, nicht an dem, was uns die Lebensmittelindustrie oft gerade in die Produkte panscht, die sie uns als rückstandsfrei anpreist. Als die Zeitschrift ‚Öko-Test' vor Kurzem einen Superfood-Produkttest durchführte, fiel das Ergebnis ziemlich ernüchternd aus: Mehr als zwei Drittel der getesteten Produkte bekamen ein ‚Ungenügend' oder sogar ‚Mangelhaft'. Festgestellt wurden darin unter anderem Rückstände von Mineralöl, Blei, Cadmium sowie überhöhte Pestizidmengen. In einer bestimmten Sorte Goji-Beeren wurden sogar 16 verschiedene Pestizidrückstände nachgewiesen. Zudem fanden sich Enterobakterien in der Probe, die zu Durchfallerkrankungen führen können. Zwei der 22 Produkte wurden gar als ‚nicht verkaufsfähig' eingestuft. Zu den Risiken und Nebenwirkungen gerade der als pumperlgesund deklarierten Ernährung zählen außerdem noch der Stress und die Schuldgefühle, wenn wir diese supertolle Gelegenheit auslassen, etwas für uns zu tun. Den Pfad der Vernunft für Tiefkühlpizza oder einen Brotkorb verlassen. Wenn wir wissen, wie es ‚richtig' wäre, allerdings nur für ‚falsch' Zeit oder auch Geld haben.

Aber es gibt Entwarnung: Der Ernährungswissenschaftler Harvey Levenstein meint in ‚stern.de', dass die meisten der Kategorien, mit denen wir Nahrungsmittel in ‚gut' und ‚böse' einteilen, ohnehin oft keiner längeren Überprüfung standhalten. „Wir erinnern uns alle an die Zeit, als man Eier als Killer bezeichnete. Mehr als zwei in der Woche führen zu Herzinfarkt, hieß es. Heute gehören Eier wieder zu den Lebensmitteln, die man bedenkenlos essen kann." Ähnliches ist mit Kaffee passiert, mit Butter, mit Milch, mit Fett überhaupt. Gerade steht das Frühstück auf der Abschussliste der Gesundesser. Dafür darf sich der Weizen, von dem man lange sagte, er würde „schleichend das Gehirn zerstören", entspannen. „Ich fühle mich aber viel besser, seit ich das Weißmehl weglasse!", sagt Marlies. Sie lässt aber nicht nur Weißmehl weg, sondern praktisch jedes Fett, alle Kohlenhydrate, und behauptet, das sei für sie der Schlüssel zum Wohlbefinden. Auf jeden Fall ist es eine Erklärung für ihr deutliches Untergewicht. Dass man seine Ernährung umgestaltet habe, klingt ja auch viel cooler als „Ich bin eigentlich dauernd auf Diät".

Ernährungsfundamentalisten behaupten, dass Essen auch Sünde sein kann und man dringend auf Erlösung in Form von Superfood bauen sollte. Allerdings wäre das nicht nur das Ende des Genusses. Es kann auch der Anfang von Magersucht, Bulimie und Orthorexie sein – der Besessenheit von gesunder Ernährung. Betroffene magern ab, weil es kaum noch Lebensmittel gibt, die sie essen wollen. Und sie vereinsamen. Weil ihr strikter Ernährungsplan mit kaum einer Esseneinladung kompatibel ist. Natürlich ist Misstrauen gegenüber den Inhaltsstoffen unsrer Nahrung berechtigt, sicher ist es wesentlich gesünder, viel Obst und Gemüse auf dem Speiseplan zu haben als

Schweinekrustenbraten und Schwarzwälder Kirsch. Aber auch das gesündeste Essen wird für uns nicht das Meer teilen oder eine Verpflichtungserklärung unterschreiben, dass es uns bis zu unsrem 100. Geburtstag fantastisch ergehen wird.

Die neuen Essensmarotten halten nur eines wirklich lange am Leben: die Vorstellung, dass wer sein Essen streng kontrolliert, auch den ganzen Rest seines Lebens im Griff haben kann. Und weil das nicht funktioniert, werden wir immer nur strenger mit uns und unserer Ernährung, verlieren darüber dann das Gefühl für unsere Bedürfnisse, unseren Körper und die Genussfähigkeit. Dagegen hilft nur ein Essen ohne Pflichtbewusstsein, eines, das gar nichts muss – weder entschlacken noch das Immunsystem stärken oder ewige Jugend verheißen. Das keine weitere Aufgabe zu erfüllen hat als die Freude, sich einmal gemeinsam mit anderen ein kleines Extra zu gönnen – und nur hübsch, süß und lecker sein muss. Ein Muffin etwa oder ‚Gnocchi alla romana' oder ‚Orangen-Crème-brulée'. Das kann viel mehr als jeder Chia-Samen-Brei: Leib UND Seele erfreuen.

Alles, was zählt

So, jetzt haben wir ordentlich Platz geschaffen für alles, was zählt, was uns glücklicher macht, worüber wir uns freuen, was uns bereichert. Dazu gehören auch folgende Sätze, die wir ruhig häufiger und gern laut aussprechen sollten.

Jetzt rede ich!
Das geht dich nichts an.
Das habe ich super gemacht.
Ja, ich bin wütend!
Nein, ich will mich
AUF GAR KEINEN FALL
beruhigen.

Wie kann ich dir helfen?
Du siehst toll aus heute …
Mir geht's gut.
Ich freue mich, dass du da bist.
Morgen ist auch noch ein Tag.
Ich kann das.
Weil ich es so will!

DANK!

Manches sollte man unbedingt behalten. Weil es unersetzlich, einmalig, kostbar ist. Deshalb dürfen auf keinen Fall die Freundschaft weg und auch nicht die Dankbarkeit. Die für unsere Familien, aber auch die für Stephanie, Stef, Regina, Claudi, Claudia, Sabine, Janet, Bettina B. und Bettina J., Jacqueline, Angelika, Birgit H. und Birgit A. Für Eva, Lui, Ariane, Dorle, Christa, Cornelia, Dani G., Huberta, Irmi, Patricia, Charlotte Bärbel, Christel, Julia für all die Geschichten, die sie beigesteuert haben, für ihre Unterstützung, für die guten Zeiten, die wir schon hatten und für die, die sicher noch kommen werden. Danke auch an Bernhard, Florian, Regina und Alexandra, dass sie dieses Buch mit uns auf den Weg gebracht haben.

DIE AUTORINNEN

Susanne Fröhlich: Sie ist eine der bekanntesten Autorinnen Deutschlands. Legendär ihr Erfolg mit ‚Moppel-Ich', mit dem sie zur Galionsfigur des ewigen Kampfes mit den Pfunden wurde. Mit ‚Der Hund, die Krähe, das Om… und ich!' (Gräfe und Unzer Verlag) avancierte sie außerdem zur Yoga-Ermutigung für alle Frauen, die bislang dachten, der Sonnengruß sei exklusiv für Gazellen reserviert. Auch ihre Romane – zuletzt ‚Feuerprobe' (Fischer) – wurden alle zu Bestsellern. Daneben moderiert die gebürtige Frankfurterin und Mutter einer Tochter sowie eines Sohnes die MDR-Kultsendung ‚Fröhlich lesen'.

Constanze Kleis: Wenn sie keine Bestseller mit ihrer besten Freundin Susanne Fröhlich schreibt – wie etwa zuletzt ‚Diese schrecklich schönen Jahre' (Gräfe und Unzer Verlag) –, verfasst sie auch Solo-Werke wie ‚Sterben Sie bloß nicht im Sommer' (DuMont) und aktuell ‚Gebrauchsanweisung für Weihnachten' (Piper). Außerdem arbeitet sie als Journalistin unter anderem für die ‚Frankfurter Allgemeine Sonntagszeitung' und Frauenmagazine wie ‚ELLE', ‚FÜR SIE', ‚freundin' oder ‚myself'…

IMPRESSUM

© 2017 GRÄFE UND UNZER VERLAG GmbH, München

Alle Rechte vorbehalten. Nachdruck, auch auszugsweise, sowie Verbreitung durch Bild, Funk, Fernsehen und Internet, durch fotomechanische Wiedergabe, Tonträger und Datenverarbeitungssysteme jeder Art nur mit schriftlicher Genehmigung des Verlages.

Projektleitung: Regina Denk, Claudia Bruckmann
Lektorat: Alexandra Bauer (textwerk, München)
Umschlaggestaltung: Martina Baldauf, herzblut02 GmbH
Bildnachweis: Seite 207, Gräfe und Unzer Verlag / Gaby Gerster
Herstellung: Markus Plötz
Satz und Innengestaltung: Björn Fremgen, Kontraste
Reproduktion: Ludwig, Zell am See
Druck und Bindung: CPI Books GmbH, Ulm

ISBN 978-3-8338-6268-7
4. Auflage 2017

Die GU-Homepage finden Sie unter www.gu.de
www.facebook.com/gu.verlag

Wichtiger Hinweis
Die Gedanken, Methoden und Anregungen in diesem Buch stellen die Meinung bzw. Erfahrung der Autorinnen dar. Sie wurden von ihnen nach bestem Wissen erstellt und mit größtmöglicher Sorgfalt geprüft. Sie bieten jedoch keinen Ersatz für persönlichen kompetenten medizinischen Rat. Jede Leserin, jeder Leser ist für das eigene Tun und Lassen auch weiterhin selbst verantwortlich. Weder Autorinnen noch Verlag können für eventuelle Nachteile oder Schäden, die aus den im Buch gegebenen praktischen Hinweisen resultieren, eine Haftung übernehmen.

GRÄFE UND UNZER

Ein Unternehmen der
GANSKE VERLAGSGRUPPE